大学的真谛

The Essence of Universities

徐平■著

一本书带你读懂大学

人民出版社

谨以此书献给所有关心和关怀大学的人们！

大学者，智识之府也。对于既往，大学为其承受之地。对于现在，大学为其储蓄之地。对于将来，大学为其发生之地。

——**任鸿隽**

自　序

我是20世纪80年代的大学生，大学毕业后留校从教，迄今已有30个年头。大学期间的我还很青涩，由于昧于学业意义的理解，故不知大学为何。从教当初的我尚属“青椒”，由于疏于职业意义的思考，故不知大学何为。如今自省其过，蹉跎多年，有时甚感愧对自己的大学时代，枉为自己的职业生涯。

得其髓者，方得其法。一个偶然机会，我阅读了现代高等教育的先驱、英国教育家纽曼先生的《大学的理念》，书中关于大学的学理性阐释深契我心，犹如雾霾散尽，顿觉豁然。适当其时，我国改革开放风声水起，大学开放改革渐入佳境。一段出国留学的经历，让我对中外大学有了比较的机会，目睹了大学为民族文明进步所付出的卓越努力，见证了大学为国家繁荣昌盛所作出的巨大贡献。正是基于对文本大学的理解以及现实大学的体验，我便“跟着心走”，在“自家专业”之外，开始倾心于大学的探寻、发现和思考。一路走来，我如叩圣域般地轻轻触摸大学的历史，细细品咂大学的内涵，慢慢解读大学的密码，静静思索大学的价值，孜孜以求大学的真谛，逐渐有了些许的悟解，隐伏于大学运行中的内在机理以及沉潜于大学理性生活中的充盈意义日渐凸显，比如何谓“知识社会”，何谓“学术共同体”，何谓“智识教育”，何谓“大学理性生活”，何谓“心灵的攀登”，这些常挂嘴边却不甚了然的问题缓缓地明晰起来。

难怪有那么多的社会贤达心慕大学、寄情大学。清华大学终身校长梅贻琦先生肯定大学有培养一代“新民”之功效，美国伯克利加州大学前校长克尔教授则称大学为“才智之都”。曾经担任国立四川大学校长的任鸿隽先生的概括尤为精确：“大学者，智识之府也。对于既往，大学为其承受之地。对于现在，大学为其储蓄之地。对于将来，大学为其发生之地。”寥寥言语，意味隽永。美国《独立宣言》的起草人杰弗逊总统曾情词剀切地说：“我以创办和扶植一所教育后来人的学校作为结束生命的最后一幕。我希望学校对他们的品德、自由、名声和幸福起到有益而永久的影响。”临终前，杰弗逊总统依然执着地希望将其墓碑上的碑文，镌刻为他是弗吉尼亚大学创办人，而不是美国总统。可见，大学在这位政治智者心目中所占有的位置非同一般。

大学是人类社会奉献给自己的最珍贵的礼物。大学从悠远的历史走来，虽在江流潮涌的时代变迁中迭经千载，却依然气象兴盛、云蒸霞蔚、福泽万千。大学不仅成为人类文明进步不拔的基石，而且成为人类社会创新巨大的力量。诚如美国学者罗斯德教授所赞誉的那样：大学是人类社会进入第二个千年中意义最为重大的创造。美国密歇根大学前校长杜德斯达教授也称颂大学“作为人类文明中的一个社会机构保持了其辉煌而持久的地位。在一千多年中，大学作为知识的坚守人与传承者，不仅曾经改变了它所在的社会，甚至成为变革中的巨大力量”。环顾当今世界，试问还有哪一个国家不倾力于大学的建设和发展！忽视知识或轻忽大学，无异于自毁“长城”。

我们从小学、初中、高中一路走进大学，如同从一个偏僻的村庄切换到一座繁华的都市，所获得的林林总总的感受是前所未有的。大学生涯既为我们提供了异彩纷呈的成长情境，也为我们创造了终身受用的生命体验。用纽曼先生的话说，我们走进了一个崭新的环境，开启了一种积极的生活，开始了新颖的学习方式，扩大了空前的思想范围。北京大学陈平原教授如是说：“大学除了传授各种专业知识，还要有诗歌，有美文，有激情，有梦想，有充满想象力的文学创造与艺术鉴赏。”美国学者布瑞德利更是十分肯定地赞述了大学对我们人生的重要意义：上了大学，你也就不是过去的你，你会变得比以前的你更高更大更强。很少有学生能够改变大学，但是大学几乎能够深深地改变任何一个学生。

世界上没有任何一个机构能够像大学一样托载着如此丰富的人生意义。用英国近代科学家赫胥黎先生的话说：大学教育的目的是让“那些渴求理智和创造并为这种神圣情感所激励的人，得以更多地致力于他们的事业……这些人将成为智慧的中心，自然界的阐述者或美的新形式的创造者”。我国著名诗人徐志摩先生曾经不无动情地表达了自己在英国剑桥大学留学时的感受：“我的眼睛是康桥（今通译剑桥）教我睁的，我的求知欲是康桥给我拨动的，我的自我的意识是康桥给我脱胎的。”现任北京大学校长林建华教授在2015年新生开学典礼的致词中也如是说：在大学里，我们“可以领略各领域优秀学者的言传身教，选择启迪心智的课程、聆听深邃前沿的讲座、投身洞察社会的实践、倾情探索未知的研究、参与拓展视野的学术交流、沉浸丰富多彩的校园生活。所有这些都将成为我们成长的养分和创造力的源泉”。美国耶鲁大学前校长雷文教授更是策励学生：大学所有的一切都支持着我们，鼓励着我们。这四年将使我们的一生丰富多彩。好好享用这一切吧，把这四年的光景变成我们探索发现的新时代。正是经过大学生活的熏习和淬炼，我们质地焕然，视域有了宽度、境界有了高度、思想有了深度、智识有了增进、能力有了提升，开始脱心志于俗谛，从稚嫩走向成熟、从木讷走向灵动、从忐忑走向自信、成为一代挺然卓立于时代潮头的“新民”。

时间如驰。伴随职业生涯的增长，我总有一种挥之难却的执念盘桓于心——期望打开一扇窗户，与更多人分享我对大学以及大学理性生活所蕴含的充盈意义的悟解，以修补我们对大学以及大学理性生活认知的缺失，唤起更多的有识之士关注大学的发展，期待更多的莘莘学子珍惜大学的时光。

尤其对广大新同学来说，能够跃上龙门，是我们存兹念兹的梦想。然而，进入大学后，在“教室——实验室——图书馆——食堂——宿舍”这样周而复始的学习过程中，又很容易觉得大学生活单调和枯燥，甚至感到困顿和迷惘，进而感到沮丧和失望。我们如果对沉潜于大学理性生活中的深刻价值有所思考、有所感悟，定然通达觉醒，自奋自爱，在充满挑战的心智探索中，铭记真谛，怀揣宏愿，一心向学，坚韧心性，丰富智识，日新月进，为如火如荼的青春年华谱写理性的生命乐章，这将是我们人生之幸事！亦是我们国家之幸事！若不然，不日新者必日退。会当垂老，嗟悔无及。

基于对文本大学的理解以及现实大学的体验，我便点墨走笔，将储积的想法陆续在《光明日报》、《中国教育报》、《科学时报》以及《中国大学教学》等报刊杂志上发表。同时，我还向具有丰富教育思想的先辈冯玉忠教授和对大学有深刻理解的恩师金明善教授请教，与许多学界同行交流，其中所获得的教诲和启发，给予我巨大的信心支持。尤其是在《中国大学教学》杂志社夏鲁惠先生和人民出版社郭彦辰女士的鼓励下，我又放胆撰写了这本小书，借此表达我对大学的特质、大学运行的内在机理、大学社会存在的特征、大学的人才培养以及大学理性生活的意义等方面的点滴悟解。

最后，我想借用德国教育家包尔生教授在其出版的《德国大学与大学学习》这一著作中的一段话作为结束语："我可以公平地讲，我是怀着一颗诚恳的心去发现和描述事物的，我并不想唱赞歌，不管是大学还是个人，我都没有去掩盖那些对我而言是该鞭挞的东西。我很少去关注那些其实常常会听到的诽谤之辞，我总是努力认识到这一点：任何事物的主因即是它的精髓。尽管大学的教师以及他们的教学还存在着瑕疵，但我们的大学仍然是健康、鲜活、让人振奋的机构，这一点正是促使我写作本书最为基本的信念。"

纸短意长，难以尽述。如有不妥，翘盼读者容谅。

徐　平

2016 年 5 月

目　录

1. 大学诞生：人类文明的“伟大创举”

在现代社会，一个理想的公民就是具有摆脱个人偏见的判断。而科学的首要目的就在于在个人的判断中消除自我，提出对每一个心智同样为真的论据。在事实上形成不受个人情感偏见影响的判断是我们将之称为科学的心智框架的特征。

——［美］皮尔逊

1.1 大学的缘起

美国哈佛大学有两位学者在《哈佛走向现代：美国大学的崛起》一书中，称哈佛的出现是美国历史上最为伟大的“成功故事”。事实上，大学的出现又何尝不是人类历史上最为伟大的“成功故事”。

大学的缘起可以追溯到中国的先秦、西方的古希腊和古罗马时代。在中国，夏朝时期就有大学，商周时期则有了比较完备的制度。如《尚书大传》记载：“公卿之太子，大夫元士之嫡子，年十三岁入小学，见小节而践小义；年二十入大学，见大节而践大义。”① 西汉时期，汉武帝从董仲舒之请，创立太学，设置五经博士教授，东汉时期，太学生达到三万人之盛。董仲舒在举贤良策中说：“不素养

---

① 转引自曲士培：《中国大学教育发展史》，山西教育出版社 1991 年版，第 9 页。

士，而欲求贤，譬犹不琢玉，而求文采也。养士之大者，莫乎太学。太学者，贤士之所关也，教化之本原也。”从魏晋到明清，或设太学或称国子学（国子监）。在西方，据说古希腊时期的哲学先圣柏拉图和亚里士多德则创立了“雅典学园”①。

到了宋代，中国出现了组织成熟的书院制。不过，由于时人尚蜷缩于古老社会的大门内，逡巡在古代思想的深墙里，所以组织成熟的各种书院也就淹没在封建制度的汪洋大海，难以产生波澜壮阔的社会影响。时至今日，这些书院留给我们的只是令人遗憾的残垣古刹，总让人有一种嗒然若失的感觉。为此，我国学者胡适当年应邀在南京东南大学作题为《书院制史略》的演讲时就慨叹：“一千年以来，书院实在占教育上一个重要位置，国内的最高学府和思想渊源，惟书院是赖。盖书院为我国古代时最高的教育机构。所可惜的，光绪变政把一千年来书院制完全推翻，而以形式一律的学堂代替教育。要知我国书院的程度，足以比外国的大学研究院。”②

---

① 雅典学园是一个总体概念，其中包括柏拉图、亚里士多德等人先后创立的几家学园。差不多两千年后，意大利画家拉斐尔曾在梵蒂冈教皇宫创作了一幅名为《雅典学园》的壁画，把当时的各个学园合成一体，描绘了一大群来自希腊、罗马、斯巴达等地的不同年代的学者围绕着柏拉图和亚里士多德共聚一堂的情景。

② 转引自邬大光：《大学与斯文》，《光明日报》2016 年 3 月 31 日“光明讲坛”版。

公元11世纪前后，欧洲出现了中世纪大学，也称古典大学。欧洲中世纪大学由于置身商业的发展和城市的兴起，影响迅速扩大，并逐渐演化成为具有现代意义的新式大学。当时，以意大利的博洛尼亚大学为最早，接着又陆续出现了法国的巴黎大学、英国的牛津大学、剑桥大学，德国的海德堡大学、科隆大学等。当时的许多大学还没有固定的校园，学生大都追随教授，游走四方。伴随时代的发展，大学慢慢有了相对固定的场所，教学活动也具有了相对稳定性。到了13世纪时，博洛尼亚大学的学生规模已接近万人，巴黎大学的师生规模已达5万人之多，成为影响巨大的学术中心。① 到16世纪末期，欧洲大学的数量已经超过百所。

法国学者拉斐思认为："现代大学和中古大学的不同，在于它们所依据的原则的各别。中古以知识在宗教的范畴中，现代则把知识放在科学的系统里；中古的生活原则是权威，现代的生活原则是自由。" ② 可以说，现代新式大学的诞生，不仅是学校教育史上的伟大创新，也是人类文明史上的伟大创举。在辉煌的实践过程中，现代大学究竟喷涌了多少伟大的天才，发生了多少动人的故事，保护了多少文明的瑰

---

① 参见宋文红：《欧洲中世纪大学的演进》，商务印书馆2010年版，第1章。

② 转引自孟宪承：《现代大学的理想和组织》，载杨东平主编：《大学精神》，文汇出版社2003年版，第76页。

宝，出版了多少文化的典籍，形成了多少重要的思想，产生了多少科学的发明，培养了多少宝贵的人才，真是数不胜数。比如自剑桥大学建立以来，出自该校的我们耳熟能详的学术人物就有牛顿、达尔文、哈维、马尔萨斯、凯恩斯、培根、罗素，这些名字在物理学、生物学、医学、人口学、经济学、哲学上，不是巨手开凿了新纪元，便是在知识的旅途中竖立起历史性丰碑。仅剑桥大学开温第士实验室在 1901—1973 年这段时间中，就培养出 16 个诺贝尔奖获得者。德国柏林洪堡大学培养和成就的杰出代表，就有马克思、恩格斯以及海涅等。再比如，建校仅有百年历史的北京大学也是星光闪烁，巨匠辈出。我们耳熟能详的学术人物就有严复、蔡元培、蒋梦麟、胡适、钱三强、罗家伦、叶恭绰、傅斯年、鲁迅、郁达夫、沈从文、梁实秋、林语堂、矛盾、朱自清、徐志摩。诚如美国学者罗斯德所赞誉的那样：大学是人类社会进入第二个千年中意义最为重大的创造。他说：在若干年前，大学“平平淡淡地出现，到如今大学已经成为现代社会中平静却具有决定性意义的催化剂，成为现代社会有效运行和顺利发展的关键因素。大学既不发动政治运动，也不制定政策，但它提供二者发展所依据的知识和信息；大学不制造工业产品，但它创造生产产品所依赖的科学和技术；大学不制作大量发行的报刊杂志和电视节目，但它培养这些发行品的写作者、制作者和出版者。大学传播公众看法，培养公众爱好，促进社会的健康发展。”①

1.2 大学的定位

在中国，古代大学有“大人之学”的意思。国学经典《大学》开篇中如是说：大学之道“在明明德”，其基本意蕴是要明晰宇宙人生的基本原理、基本法则和基本规律。在欧洲，大学（university）一词的词根是 universus，即“宇宙”的意思，代表着“永恒”、“整体”、“普遍”、“奥妙”、“变化”，表明大学的基本旨意是以一种广阔的人类意识，关注宇宙的永恒问题、世界的整体问题、社会的普遍问题、事物的规律问题、人类的未知问题。换言之，大学所倾注的问题是根本的，不是浮面的；是宏阔的，不是狭隘的；是恒久的，不是眼前的；是未知的，不是已知的。无论是我国《大学》开篇中所说的“明明德”，抑或西方大学的“宇宙”之意，均提倡对具有普遍意义的基本事实和基本规律的认知和尊重，而这一旨意达成的关键在于基础研究。因此，研究具有普遍意义的基本事实和基本规律是大学的真谛所依，也是大学的价值所在。大学的这一取向性定位，一直为后来的大学发展所传承。

---

① ［美］罗德斯：《创造未来：美国大学的作用》，清华大学出版社 2007 年版，序言。

启蒙时代出版的，在人类文明史上具有重要意义的《百科全书，或科学、艺术和工艺大词典》的“绪论”中就这样写道：“作为一部百科全书，其主要目的就是将人类知识种类和各个部分的关系解释清楚。作为一部‘内容详尽的科学、艺术和工艺词典’，涵盖了构成每个科学领域、每种艺术、人文的或机械种类基础的普遍准则，以及每个领域知识体系和内容的最基本的事实。”①伴随现代科学技术的进步，针对上述有关问题的研究显得尤为重要。诚如德国学者雅斯贝斯所言，寻找普遍性的事物、发现普遍有效的东西、形成普遍性的知识、为普遍的人所认识和利用，已经成为现代科学的重要特点。②入选我国 2015 年度“十大科技创新人物”的中国电子科技大学周涛教授，在回忆瑞士求学的经历时说，他的指导教授告诉他要做好三件事情：一是要去寻找大问题，二是寻找大问题中有长期影响且别人没有做的问题，三是要用原创的方法做研究。③美国普林斯顿大学办学观念，就是培养学生终生学习的能力，激发学生从事独立而原创性的研究，并通过他们的发现让世界受益。④我国西南

---

① 李大光：《科学传播的演化》，《新华文摘》2016 年第 11 期。

② 参见［德］雅斯贝斯：《历史的起源和目标》，华夏出版社 1989 年版，第 102 页。

③ 参见王鑫昕：《科研的使命是解决问题而不是拿荣誉》，《中国青年报》2016 年 3 月 1 日。

④ 参见《培养终身学习的能力》，载吴军：《大学之路》（序二），人民邮电出版社 2015 年版。

交通大学校长徐飞也强调原理性、基础性的研究应该是大学科学研究的本位。①

新近，美国国家科学基金宣布人类首次探测到引力波。引力波是爱因斯坦在一百年前的大胆预言，今天终于得到验证。麻省理工学院校长就人类首次探测到引力波致信全校。他如是说："这个成就，始于爱因斯坦：一种广阔的人类意识，可以形成一个超越当时实验能力的概念，而他的后人用了百年时间，发明工具，证明了其有效性。"他由此得出这样一个结论："我们今天庆祝的发现体现了基础科学的悖论：它是辛苦的、严谨的和缓慢的，又是震撼的、革命性的和催化性的。没有基础科学，再好的设想也无法得到改进，'创新'只能是小打小闹。只有随着基础科学的进步，社会才能进步。"

社会科学也是如此。德国学者费希特指出："学者的使命就是高度注视人类一般的实际发展进程，并经常促进这种发展进程。"② 我国学者杨玉良院士指出：我们关注人类发展的根本问题，并对此进行研究和讨论，给出我们的回答。有些问题看起来可能是非常规的理论问题，与现实问题没有什么直接联系，但这些问题恰恰是为国家、民族、人类社会发展提供新的精神资源和新的思维方法。以经济学研究为例。

---

① 参见《中国青年报》2016 年 3 月 22 日"科研创意"版。

② ［德］费希特：《论学者的使命人的使命》，商务印书馆 2013 年版，第 41 页。

究竟是什么因素促进了现代经济增长？对于无数人无数次的追问，一代又一代的经济学家从各种不同的视角对此进行了长期的探索，并给予了不同的解释——如人口增长、资本积累、利润动机、市场发展、技术创新等。正是这些经济学家的长期探索，让我们对经济增长有了更多和更为深入的学理性了解，也为现代国家经济政策的制定提供了最基本的认识基础。

大学为什么要求恒避短、求远舍近、求缓避急、求整去零、求理略表呢？一言以蔽之，大学为什么如此关注基本事实和基本规律？大学为什么对所有的问题都要追本溯源？推究其因，大学的这种取向性定位是有道理的：(1) 从时间维度看，时间是流变的，岁月是更替的。这种时间的流变性以及岁月的更替性，使我们每一代人都只是停留于时间和岁月中的某个节点，我们能够见到的只是我们自身所面对的“现实”，而难以形成“既往”和“未来”的连续认知，时间和岁月越久远，“既往”和“未来”越虚无，就越难以避免地存在“片段式”的认知局限。(2) 从空间维度看，空间是多维的，宇宙是浩瀚的。这种空间的多维性以及宇宙的无限性，让我们所有的人都只是漂浮于空间和宇宙中的一颗微粒，我们能够感知的只是我们自身所面对的“局部”，而难以形成“整体”和“系统”的全局认知，空间和宇宙越空旷，“整体”和“系统”越朦胧，就越难以避免地存在“零散性”的认知局限。(3) 从现实维度看，群体是多元的，社会是复杂的。这种群体的多元性以及社会的复杂性，让我们所有的人都只是游移于群体和社会中的一介个体，我们能够触摸的只是我们自身所面对的“具体”，而难以形成“群体”和“社会”的理性认知，群体和社会越空泛，“群体”和“社会”越模糊，就越难以避免地存在“功利化”的认知局限。由于有限的时间维度、有限的空间维度以及有限的现实维度，已经肢解了整体世界的基本图景，让我们难以形成真正反映基本事实和基本规律的正确认知，我们无可避免地成为了孤陋不知的“片面人”、“局部人”以及“现实人”。美国立国先驱，著名思想家潘恩曾经说过这样一句话：表象可以迷惑我们的眼睛，声音可以欺骗我们的听力，偏见可以扭曲我们的意志，利益可以遮蔽我们的理解力。① 这种无可避免的局限性构成了桎梏我们心灵的隐形枷锁，导致我们方向感的迷失和认知能力的下降。一般来说，如果我们在基本事实和基本规律的认知上出现偏差，就会陷入狭隘思维的“暗障”而无法自拔。古希腊先哲柏拉图曾经有过一个取譬虽近而见道深弘的比喻，他形容洞穴里的囚犯只能看到洞壁上火光的影子，全然不知道洞外的大千世界。我们往往如同这样的囚犯，身在黑暗的心狱而不自知，只见幻影不见真实，于是也就导致了一种自我膨胀、自我癫狂、自我强迫的心理倾向。因此，我国学者林语堂在《美国的精神》一书的

---

① 参见［美］潘恩：《常识》，译林出版社 2012 年版，第 6 页。

序言中指出：“一个人只有彻底消除自己某些粗俗的自满情绪，他才能开始思考。”

在现代社会，这样的情景尤为严重。英特尔创始人摩尔于 1965 年提出了一项关于科学技术进步的经验法则。这一经验法则告诉我们，计算机运算的速度每两年就能提升一倍。事实上，不仅是计算机，所有事物似乎也在以惊人的速度发展。科学技术的飞速发展，继续将时间节奏加快，把空间范围压缩，甚至整个地球都变成了一个“村庄”。就是说，在现代社会，变化并不是偶然发生，而是随时都在发生。变化还在不断加快，甚至达到应接不暇的程度。这表明，现代社会的发展，如同让我们坐上了过山车，风驰电掣，险象环生。美国学者洛西科夫在他出版的《当下的冲击》一书中有过这样的描述：互联网时代，我们每一个人都处于“永远在线”的状态，体验着自我所在——当下的时刻和当下的场景。但凡不是眼下发生的事情，就算不上重要，而对正在发生的一切则要“一网打尽”。我们明显的感觉，就是时间总是那样地急迫。作者还援引了他的朋友曾发给他的一个短信。朋友在短信中这样描述自己的境况和感受：“总是忙得不亦乐乎。‘所有事情都接踵而至’。我在募捐、谈判、做空中飞人。每周都要赶两个航班，飞往不同的目的地。所有事情都在同步进行。没有时间，真的没有时间。”① 我国美学家

① ［美］洛西科夫：《当下的冲击》，中信出版社 2013 年版，第 66 页。

宗白华在20世纪20年代写的《流云小诗》中有一句话："白云在天空飘荡，人群在都会中匆忙。"① 这句诗也形象地折射了我们今天的社会场景——我们每个人都很忙，就如同一首歌的歌词所表达的那样：真的不知道"时间都去哪儿了"。

这样一种"活在当下"的理念获得了加强和放大，最终影响了我们的行为方式。在快节奏的生活中我们变得越来越浮躁，心灵失去了宁静。古印第安有句谚语说得好："别走太快，等一等灵魂。"这句谚语发人深省。我们往往对周遭发生的变化还没有更清晰的认知，便临阵提枪，应对那些即时发生的事情。我们无法安顿下来，而是疲于应对冲动与压力的困扰。因此，洛西科夫认为：在当下时代，缺乏基本的预测能力俨然已经成为我们"当今功能性文盲的表现形式之一"。② 美国未来学家托夫勒指出："我们能够预见到，火山爆发式的错位、扭曲和逆转不仅会发生在我们的社会结构中，还会发生在价值体系中以及个体对现实的感知和构想的方式中。这样大规模变化的速度还在不断提升，这会让大批人感到迷失、困惑甚至崩溃。"③

我国学者南帆在其新近发表的一篇名为《出镜》的散文中，对现代人的如此状态进行了深刻剖析。他说：事实

---

① 转引自邹广文：《技术时代的人文关怀》，《光明日报》2016年4月7日"光明讲坛"版。

② [美] 洛西科夫：《当下的冲击》，中信出版社2013年版，第9页。

③ [美] 洛西科夫：《当下的冲击》，中信出版社2013年版，第8页。

上，我们所面对的无非是偶然截取的一个世界片断——脱离了时间的连续性和空间的整体性的片断，我们所面对的所谓的主题，往往是分散的和闪烁不定的。比如，在许多社会事务、经济发展、组织管理等各种系统中，就每每处于这样一种状态：不重视基础研究，不清楚基本道理，不遵循基本规律，不坚持基本规则，更谈不上为人类守望未来的长线考量。在我们周边，就时常有人提出这样的问题，现实的事情还没有解决，为什么要去研究既往的事情？地上的事情还没有搞清楚，为什么要去研究宇宙的事情？本土的事情还没有明确，为什么还要去研究国际的事情？人的事情还没有解决，为什么要去研究自然的事情？换言之，如果不同时代的人，或不同群体的人，或不同的个体都不尊重基本事实，都只局限于自我狭隘的思维方式，那么我们面临的问题就如同枝蔓散裂、如同化学形迹、如同空中云彩，随时都会发生急剧的变化，接踵而至的就是越来越多的次生问题、越来越复杂的矛盾纠葛、越来越混乱的思想状态，各种浮躁和盲目就会像幽灵一般笼罩在我们的心间。这就是我们面临的“实现困境”，就像评价一个人或一件事或一项政策，如果不是基于科学的态度和理性的方法对基本事实进行全面、客观、公正、审慎的分析和判断，就会陷入毫无意义的争论之中，人们可以天马行空，公说公的理，婆道婆的由，其结果是“小道理”千头万绪、分歧无限、矛盾抵牾，而“大道理”反倒为众说纷纭所淹没，让人无所适从。正是在此意义上，德国哲学家黑格尔认为人们所说的现实的东西，实际上就是“无根草”或“无实在性”的东西。①

由于许多事情都不可避免地受到紧急情况的侵扰，所以人们对长远的、整体的事物形成即时的、脱节的，甚至是曲解的认知，许多选择都是眨眼之间的冲动，而非深思熟虑的决定。为了避免思维陷入自我欺骗的幻觉，我们必须对我们自身的这种局限性保持警醒，学会从各个具体事件、杂多的表面材料中抽身出来，从客观的视角对其进行冷静的观察和思索。我国学者费孝通在《江村经济——中国农民的生活》一书中有过这样一段话：“过去的经验并不总是过去事实的真实写照，因为过去的事实经过记忆的选择已经起了变化。目前的形势也并不总是能得到准确的理解，因为它吸引注意力的程度常受到利害关系的影响。未来的结果不会总是像人们所期待的那样，因为它是希望和努力以外的其他许多力量的产物。”② 为此，黑格尔一再提醒人们要“追求事物的普遍性，并在这种普遍性中去探究该事物的本质规定”③。我国学者项兵亦指出：“校正（这种）‘集体短视’仍然是我们亟待解决的一个重大问题。而真正应对集体短视，对已经暴露的问题简单修修补补或许是不够的。人类需要提高对集体

① 参见［德］黑格尔：《历史哲学》，九州出版社 2011 年版，第 83 页。

② 费孝通：《江村经济——中国农民的生活》，外语教学与研究出版社 2010 年版，第 5 页。

③ ［德］黑格尔：《历史哲学》，九州出版社 2011 年版，第 169 页。

短视的自觉。"①

凡事皆须务本，本立而道生。学术研究不断追问的目的，就是黑格尔所说的不断发现各种事情背后的前因后果。②如果没有了对基本事实的认知，没有了对基本规律的尊重，没有了对基本原则的遵守，我们生活的这个社会就会支离破碎，就会到处是灰色地带，到处是潜规则，真假难分，甚至黑白颠倒。为了避免"思维"误入歧途，就需要"慎终追远"的科学态度；而慎终追远的重要基础，就是对基本事实的正确认知和对基本规律的科学把握，这也是马克思考察人类社会发展规律、构建科学社会主义理论的重要方法。③德国教育家第斯多惠认为："偏见越多，我们的脑子里也就越来越多地堆满了五花八门的错误思维。"④德国学者雅斯贝尔斯指出："科学不允许我们只为眼前这样或那样的一时需要去思考，而将重要的东西置之不顾。"⑤美国学者皮

---

① 项兵：《警惕人类出现"集体短视"》，《环球时报》2016年1月22日"国际论坛"版。

② 参见［德］黑格尔《历史哲学》，九州出版社2011年版，第21页。

③ "慎终追远"是我国古代"思者"的一种科学态度：把握住"终极目标""追溯"到"源头"，"执其两端"而"得乎其中"。这也包含着"理性"地"审视""现实"的科学态度。当然，在中国古代，这还是一种"本体论"的"思想"，而不是"知识论"的"科学"。叶秀山：《对于中国哲学之过去和将来的思考》，《新华文摘》2016年第11期。

④ ［德］第斯多惠：《德国教师培养指南》，人民教育出版社2001年版，第34页。

⑤ ［德］雅斯贝尔斯：《什么是教育》，生活·读书·新知三联书店1991年版，第112页。

尔逊也强调："在现代社会，一个理想的公民就是具有摆脱个人偏见的判断。而科学的首要目的就在于在个人的判断中消除自我，提出对每一个心智同样为真的论据。在事实上形成不受个人情感偏见影响的判断是我们将之称为科学的心智框架的特征。"①

认知和尊重具有普遍意义的基本事实和基本规律是人类赖以生存的基础，从基本事实的角度把握人类社会生活，在遵循客观规律的基础上构建人类社会文明的基本框架，是人类社会持续发展的关键。人类社会需要有这样一股力量，能够以一种广阔的人类意识去关注和把握根本的、宏观的、恒远的、公共的、未知的问题，能够见之于未萌或见之于未发。② 唯秉此，人类社会才不会背离根本，才不会迷失方向。一般而言，我们知道的普遍事实越多，我们就越能为在复杂的现实生活中宽容地生活做好准备。（普遍事实）可以帮助我们辨认出在混乱的表面状态下的人类本质和社会过程的永恒法则。通过认识其主要的发展趋势，我们能够明确事物的发展规律。就像战争中军事地图上标明了主要的军事行动，但省略了那些容易分散注意力的细节，在这种地图的帮助下，将军就能够更好地掌握战争的进程。

---

① ［美］皮尔逊：《科学的规范》，华夏出版社 1999 年版，第 9 页。

② 比如，我们应该如何看待我们所面临的这个世界呢？当我们看到的材料都是消极的话，那么这个世界就会变得一塌糊涂；当我们看到的材料都是积极的话，那么这个世界就会显得一片光明。因此，我们必须学会用全面的、辨证的、长远的观点看问题。——笔者注

大学关注的是基本事实和基本规律，教授的是系统知识，传播的是公共理性，谋求的是社会公益。因此，有人称大学为国家之“公器”。所谓公器，就是公共、公用、公益的意思，即以“天人一体”的宇宙情怀、“天下一家”的人类情怀、“中和之道”的协调智慧，追求对国家、对社会、对人类有所贡献。大学可能对一时一地或无所贡献，但持之恒久，必能增进人类之智慧与社会之福祉。诚如我国学者郑晓沧所说：“尝谓研究学问，有如修道，有如坐关，要将此心把握得住。……对于学问，有时宜弗问其于世有何裨益，更不宜黏滞于一时一地。”① 美国学者伊斯顿认为：如果过分执着于研究即时的社会问题而舍弃了基础理论，不能在“是什么”和“为什么”的种种陈述之间作出缜密甄别，忽略了理论作为彻悟之主要工具的意义，那么，我们就会深陷于无理性的泥潭之中。② 日本学者森岛通夫亦指出：“历史的确证实了爱因斯坦的一句名言，除非一个人摈弃了细枝末节，具有更广阔的视野，否则，在科学中就不会有任何伟大的发现。在一个时间和空间均已统一的世界，对人类事务的研究若想取得成效的话，就必须从广阔视界入手。”③

---

① 郑晓沧：《大学教育的两种理想》，载杨东平主编：《大学精神》，文汇出版社 2003 年版，第 39 页。

② 参见［美］伊斯顿：《政治生活的系统分析》，华夏出版社 1999 年版，第 8 页。

③ ［日］森岛通夫：《透视日本——“兴”与“衰”的怪圈》，中国财政经济出版社 2000 年版，第 23 页。

大学虽居于世俗，却与真理为伴；虽居于大地，却与宇宙相通；虽居于一隅，却与世界同行。现代大学的出现，既如实反映了时代精神，也体现了人类社会的至高价值，就如同精神光源，引领人类社会摆脱愚昧，走向理性，走向现代，走向未来。

1.3 大学的功能

依据现代大学诞生以来所折射的社会发展，大学大致经历了三次阶段性变化：一是以人才培养为重点的阶段，二是以科学研究与人才培养为并重的阶段，三是以科学研究、人才培养、社会服务为“三位一体”的阶段。①

一是以人才培养为重点的阶段。在工业化刚刚起步阶段，大学还是一个教育机构，目的是培养有学问的绅士。英国教育家纽曼对这一时期的大学进行了比较系统的研究和阐述。他的《大学的理念》，堪称是最广为人知的经典著作。他如是说：大学是一个提供博雅教育，培养绅士的地方。他认为大学之目的在“传授”学问而不在“发展”知识。纽曼的大学理念显然是“教学的机构”，是培养“人才”的机构。这个理念也许是古典大学遗留给今日大学教育最重要的遗

① 丁学良：《什么是世界一流大学?》，北京大学出版社 2004 年版，第 12 页。

产。可以说，直到今天，传授知识仍然是大学的天然使命。

二是以科学研究与人才培养为并重的阶段。伴随工业化的发展，大学也顺应社会趋势进行了相应的变革。英国的发展让德国柏林大学创始人洪堡感受到了一股科学发展的力量。他认为，在现代社会，大学的功能不应仅仅停留在教育活动，它还应该从事研究活动。换言之，大学不仅要传授知识，同时还要创造知识。在洪堡等人的倡导下，柏林大学率先标举大学的新理念，倡导成立各种研究中心，积极鼓励学者开展创造性的学术研究活动。我国学者孟宪承指出：“到现在，没有哪一国的大学，教师不竞于所谓‘学问的创造’，学生不勉于所谓‘独创的研究’。而这新的风气，确是德国大学所开始。”① 德国大学的创新发展，使德国迅速从农业国转变成为重要的工业国，德国的大学亦成为世界学术的中心，其大学的崭新理念也逐渐影响到欧洲各国，并对美国大学产生了重要影响。时任美国驻德国大使在一次公开演讲中这样说，在美国，人们之所以把德国视为第二祖国，主要是由于德国大学的缘故。② 美国现代大学的先驱者佛兰斯纳在其出版的《大学》一书中，更是开宗明义标举出“现代大学的理念”。他在充分肯定“研究知识和发展知识”是大学的

---

① 孟宪承：《现代大学的理想和组织》，载杨东平主编：《大学精神》，文汇出版社 2003 年版，第 77 页。

② 参见［德］包尔生：《德国大学与大学学习》，人民教育出版社 2009 年版，第 10 页。

重要功能的同时，也强调将教学活动与研究活动结合起来，于是，大学发展的两股历史时段在现代美国大学融为一体，互为辉映。①

三是以科学研究、人才培养、社会服务为“三位一体”的阶段。伴随现代社会的发展，社会分工越来越细致、现代国家体系越来越复杂，专业发展越来越深化，以至于一个人如果没有掌握专门知识，就很难寻到一份理想的工作。美国大学迅速捕捉到这一新的发展趋势，顺势改革。大学不再是一个单纯的教育机构或研究机构，大学又增加了社会服务的功能，这一服务功能，成功地整合了理论知识和应用知识两者的关系，为社会各行各业培训相应人才或提供智力支持。

自第二次世界大战后，大学在世界各地都有蓬勃发展，而在美国尤其获得快速与惊人的成长。美国大学不但在数量上为全球之皓首，在质量上亦为世界优秀大学之重镇。有统计显示，美国集中了当今世界三分之二以上的最好的大学。可以说，美国的大学既继承了英国大学重教的传统，也承继了德国大学重研究的传统，同时又超越了这两个国家的局限，发展出一种具有鲜明特色的美国大学模式。美国前加州大学校长克尔认为当代大学应面对新的“角色”：大学必须严肃地思考它所身处的新的“现实”，即“新知识是经济与

---

① 参见金耀基：《大学之理念》，生活 · 读书 · 新知三联书店 2008 年版，第 5 页。

社会成长的最重要的因素”。用美国杜克大学校长布罗德海德博士的话讲，我们的理念就是“知识服务社会”。[①] 美国社会学家贝尔亦指出：“在美国，大学已经成为社会上一个有支配力量的重要的制度，它已经是社会主要的服务机构，不止训练人才，而且也是政策咨询的主要来源。这个基本的现实表明，社会对大学知识生产的要求是前所未有的，大学也因而成为‘知识工业’的重地，成为社会的主要服务中心。今天我们讲的‘知识经济’或‘知识社会’，其主要资源都必然来自大学。”[②]

伴随社会的发展，大学的诸多功能已经不可分割地集合在一起，互为依托，相为倚重，共同推动了现代大学的发展。

1.4 大学：现代国家的文明标识

现代大学既是社会发展的产物，也是社会文明进步的摇篮。大学如何办以及办到何种程度，体现着一个国家的社会进步和文明发展程度。当现代大学的前身在意大利出现的时候，意大利成为文艺复兴的发源地；当近代大学在英国兴

---

① 参见张东：《大学，是走向世界的起点》，《光明日报》2016 年 3 月 11 日“环球周刊”版。

② 金耀基：《大学之理念》，生活 · 读书 · 新知三联书店 2008 年版，第 74 页。

起的时候，英国成为世界第一个工业化国家；当19世纪研究型大学的观念从德国萌发的时候，德国则成为第二次工业革命的领先国家。到了19世纪末20世纪初，美国又创造性地把欧洲大学的传统综合在一起，发展出典型的美国大学体系，世界也就开始进入了所谓的“美国世纪”。1936年，罗斯福总统在哈佛大学演讲时称：“在这个真理被扼杀的年代……是哈佛和美国在解放人类的思想，高举真理的火炬。”丘吉尔则赞述哈佛大学是“美国的起点”。[①] 可以说，如今美国所享有的生活方式“很大一部分是建立在20世纪美国大学所提供的广泛基础之上的。对于无数的市民以及大量的移民群体而言，高等教育一直是自身提高及参与社会生活的途径”[②]。克林顿总统时期，美国还实施了《上大学有希望》的计划，鼓励年轻人上大学，美国大学的毛入学率一跃超过了80%。

大学的兴起促进了国家的繁荣昌盛，这不仅是西方现象，也是世界现象。在亚洲，日本的东京大学是明治维新的产物，明治维新后的日本也成为亚洲第一个实现工业化的国家。我们更不能忘记，北京大学也是维新变法的产物。清末时期，中国甲午战败。为了救亡图强，当时中国社会的重要

---

① ［美］布瑞德利：《哈佛规则——捍卫大学之魂》，北京大学出版社2009年版，序。

② ［美］罗德斯：《创造未来：美国大学的作用》，清华大学出版社2007年版，第1页。

变法措施之一，便是筹建大学。1898 年京师大学堂的开办，是中国现代大学之发轫。同年，全国各地书院又陆续改为新式学堂。1903 年，张之洞在一份关于废除科举制度的奏折中曾经这样说：“科举一日不废，即学校一日不能大兴，士子永远无实在之学问，国家永远无救时之人才，中国永远不能进于富强，即永远不能争衡各国。”1912 年，京师大学堂改名北京大学。蔡元培先生就是本着“救中国必以学”的理念执掌北京大学的，并以德国大学为模式进行了大学的改革，把北京大学变成中华民族精神的摇篮，中国大学发展的样板。同年，始建于 1911 年的清华学堂更名为清华学校，1928 年更名为国立清华大学。当时也有许多关于西式大学如何与我国传统书院进行融和，创新发展的讨论和试验，这些都潜移默化地滋润着中国现代大学的发展。可以说，我国新式大学的诞生，通过中西融汇、古今贯通，开启了前所未有的现代转型，开始具有了一种崭新的使命和焕然的面貌，衍生了一种适应时代发展的精神格局，以令人耳目一新的崭新形象，让当时沉闷的中国悚然一惊，猛然一抖，与中华民族并肩走上了坚苦卓绝的现代发展的探索之路。①

如今，世界已经昂首进入了 21 世纪。在充满竞争的当

---

① 参见陈平原：《大学何为》，北京大学出版社 2006 年版，“大学之道”；曲士培：《中国大学教育发展史》，山西教育出版社 1993 年版。关于中国大学的起源以及与新式大学关系的辨析，可以参见陈平原：《大学有精神》，北京大学出版社 2016 年版，第二辑“大学百年”。

代世界，几乎所有国家都倾力于大学的建设与发展。从量的方面来看，1950 年，全世界大约有 3500 余所大学，在校学生规模为 660 万人；到了 2000 年，大学数量达到 3 万所，在校学生规模超过 8000 万人。① 据 1990 年联合国教科文组织年报所示：世界主要国家对大学的经费投入在整个教育经费中所占的比重，英国占 19%，日本占 22.2%，加拿大占 28.6%，美国则达到 40%。

我国学者丁学良指出："从这个意义上，我们完全可以说，要想成为一个大国，必须要有众多的大学，因为国家的兴起必须要有高素质的人才支撑。没有大量的经过高等教育训练的专门人才，就不可能获得或保持大国的地位。这里的大国不是单指疆域辽阔，而是指在经济规模、创造能力、竞争能力和国际影响力等方面，对全球都具有重要的意义。而如果要想成为一个伟大的国家，只有众多的大学还不够，还必须要有伟大的大学。这里的'伟大'主要是就它的精神气质而言，即是要挑战世界，而又包容世界；立足于本国，而又面向全球；传承过去，而又超越过去；把握未来，而又脚踏实地。不具有这样伟大的大学，任何一个国家要想成为一个伟大的国家几乎是不可能的。" ② 令人欣喜的是，我国首

---

① 参见丁学良：《什么是世界一流大学?》，北京大学出版社 2004 年版，第 15 页。

② 丁学良：《什么是世界一流大学?》，北京大学出版社 2004 年版，第 15 页。

次发布的高等教育“国家报告”显示：经过改革开放，我国的高等教育已经实现了跨越式发展。1949 年，我国高等教育在校生仅 11.7 万人，全国高等教育毛入学率仅为 0.26%；至 2014 年，全国高等教育在学人数达到 3559 万人，增长超过 300 倍，规模位居世界第一。全国高等教育毛入学率达到 37.5%。各类高校达到 2824 所，数量位居世界第二。① 根据英国《泰晤士报》公布的 2016 年全球大学声誉排行榜，中国内地的清华大学、北京大学、复旦大学、上海交通大学、浙江大学已经跻身全球大学声誉百强，加上中国香港大学、香港中文大学、香港科技大学以及中国台湾大学，我国已经有九所大学跻身全球大学声誉百强。2015 年，我国国家科学技术进步奖逾七成花落大学，而且大学还包揽了自然科学和技术发明一等奖。据此，教育部高等教育教学评估中心主任吴岩认为：“中国高等教育的作用已不仅仅是过去的‘全面支撑’，更要转变为当前和未来的‘率先引领’，成为中国持续发展、由‘大’变‘强’的源动力。”②

---

① 参见柯进：《中国高教与世界有多大“时差”》，《中国教育报》2016 年 4 月 8 日“新闻深度”版。

② 《首份高教质量“国家报告”出炉》，《中国教育报》2016 年 4 月 8 日第一版报道。根据 1936 年的全国高等教育统计：当时，全国共有 79 所大学，31 所专科学校，学生总数 41678 名。陈平原：《大学小言》，生活 · 读书 · 新知三联书店 2014 年版，第 222 页。

2. 大学是一个“知识社会”

大学的无形产品——知识——是我们文化中唯一最强大的因素，它影响着各种职业，甚至社会阶级、地区和国家的兴衰。

——［美］克尔

自大学诞生以来，社会就始终存在关于“大学为何”、“大学何为”的探讨和争论。综揽各家观点，若要给出一个更贴近于大学特质的概括，我认为大学堪称一个“知识社会”。

2.1 大学的特质

在我接触的文献中，英国教育家纽曼是最早提出这一观点的。他认为：知识既是教育的工具，也是大学教育的结果。“大学的理念及其本质是以教授各类知识为本业。大学是教授全面知识的机构。传授知识的全面性正是大学所具有的特点。”①19 世纪时，德国教育家洪堡对大学有了更明确的表述，他认为研究知识和为人类创造知识是大学的基本功能。美国政府早年为哈佛大学颁布特许状时也规定：哈佛大学的使命是“在各个学科领域发现新知识；保留、解释和重

① ［英］纽曼：《大学的理念》，贵州教育出版社 2003 年版，第 47 页。

新解释现有的知识；帮助学生掌握方法、知识、技能和探究问题的习惯，这样他们将会终其一生而不断地追求学问，领导社会向前发展”①。据说，直到今天，哈佛大学还保留着这样的惯例，即在历任校长的职位交接仪式上，都安排一个卸任校长和接任校长共同托举“特许状”的情节。其旨意为绝不违背办学的宗旨。② 在我国，清华大学终身校长梅贻琦亦有类似的表述，他认为大学是研究“高深学术”的地方。③ 德国学者耶士培称大学为“知识性的社会”④，美国社会学家帕森斯则提出了大学为“知性复合体”的概念。⑤ 由此可知，以理性精神为引领，以社会价值为指向，运用科学方法探索知识、研究知识、创造知识、传播知识，堪称大学独一无二的特质。美国学者罗德斯在充分考察大学发展历史的基础上明确指出：“大学自中世纪出现以来，虽然历经社会变迁的冲击，但却顽强地保持着自己的基本功能和特性，无论存在于世界的哪一个角落，无论在形态上有着怎样的差异，其在探索、传播知识和应用知识上所具有的广阔视

---

① 转引自张维迎：《大学的逻辑》，北京大学出版社 2004 年版，第 4 页。

② 参见［美］布瑞德利：《哈佛规则——捍卫大学之魂》，北京大学出版社 2009 年版，序。

③ 参见梅贻琦：《中国的大学》，北京理工大学出版社 2012 年版，第 13 页。

④ 参见金耀基：《大学之理念》，生活·读书·新知三联书店 2008 年版，第 145 页。

⑤ 参见金耀基：《大学之理念》，生活·读书·新知三联书店 2008 年版，第 149 页。

野、标准和影响是共通的。”① 伴随现代社会的发展，知识更是全面升值。诚如美国伯克利加州大学前校长克尔指出的那样：“大学的无形产品——知识——是我们文化中唯一最强大的因素，它影响着各种职业，甚至社会阶级、地区和国家的兴衰。”②

2.2 如何理解大学倡导的“知识”

从字面来看，“知识”一词是由“知”和“识”两个汉字组合而成的。“知”是了解，“识”是辨别。我们需要了解什么呢？我们需要了解的内容大体涵盖三个方面：一是了解客观事物的本源，即客观事物的根本（不以任何个人意志为转移的客观存在或本质属性）；二是了解客观事物的始源，即客观事物产生的原由（客观事物成因的根据）；三是了解各种不同事物之间的内在联系（既有过去的联系、也有现在的联系和未来的联系）。这三者构成了我们日常所说的客观事物的真实（基本事实和基本规律）——对于自然来说，这三个方面均可以反映自然的真相；对于历史来说，这三个方面

---

① ［美］罗德斯：《创造未来：美国大学的作用》，清华大学出版社 2007 年版，总序。

② ［美］克尔：《大学之用》，北京大学出版社 2008 年版，1963 年序。大学这一特质的形成以及功能的型塑实属不易。据说，在 19 世纪末期，赫胥黎有一次到牛津大学发表演讲，当他在演讲中介绍达尔文进化论的时候，有几位慕名而来的女士竟然惊疑地昏厥在现场。——笔者注

均可以反映历史的实相；对于社会来说，这三个方面均可以反映社会的本相。我们需要辨别什么呢？我们需要时刻辨别由他人提出的关于“知”的真实性，或我们自己亲眼所见的“知”的真实性。德国教育家第斯多惠指出：“认识就是根据知识的来源，根据诸知识的相互关系，辨认与判断其正确与否，只要是真知就可以任意论证、采纳与使用。”①

一般情况下，“知”有两种不同的类型：一种是零散的“知”，即只是了解到某一个点，或某一个事，或某一条线；一种是系统的“知”，即综合的、整体的、全面的。唯有系统的“知”，方有卓越的“识”。就是说，只有掌握了系统的“知”，才能达到真正的“识”——具有剖明曲直、去伪存真的认知能力和辨别能力，即判断力。

培养判断力为何如此重要呢？错误的判断往往造成我们的错觉或认知的偏差，如同魔术常常造成我们的错误判断一样。通常情况下，人们往往习惯性地以为自己发现的是事实、坚持的是真理、尊重的是规律，但在实际生活中，又常常有意或无意地违背了事实、违逆了规律；我们自以为在坚持真理的时候，又往往伤害了真理。英国哲学家培根早已注意到这样的问题。他说：“人们惯于使自己的思想、观点和学说受到某些他们最为欣赏的观念或最常应用的学

---

① ［德］第斯多惠：《德国教师培养指南》，人民教育出版社 2001 年版，第 39 页。

科的影响，并根据它们而给予其他一切事物以一种完全错误且不恰当的意味……因此，炼金术士从几个熔炉的实验中就总结出了一套哲学……西塞罗在引用一些关于灵魂性质的观点时发现，有一个音乐家坚持认为灵魂只是一个和声，于是他愉快地说：'hic ad arte sua non recessit'（他忠于他的艺术）。但对于这些自负的想象，亚里士多德却严肃地说：'Quirespiciunt ad pauca，de facili pronunciant'（想得少的人当然不难作出决定）。"纽曼也有类似的观点："由于并非每一个人都具备去伪存真的能力，他们就通过极言正确的事情，使世人相信了错误的事情。"① 再比如，我们常常会说，我们应该正确地理解历史。然而，诚如黑格尔所指出的那样："像'理解'和'确切地'这样的表述并不是没有歧义的。即使一般的历史学家也会认为自己是忠实于事实的。他随身携带一些范畴，这些范畴毫无疑问会影响他如何处理自己面对的信息和资料。真理并不是在感官的表面层次上就能够被发现的，尤其是在自称科学的主体中，理性必须总是保持警觉，因而意识的深思熟虑就必不可少了。任何理性地看待世界的人，都将会发现应该理性的层面已经被预定了，感官和理性两方面存在于一种相互关系中。"② 他进一步强调："只有当人类有抽象鉴别的能力，有表达各种法则和原则的能

---

① ［英］纽曼：《大学的理念》，贵州教育出版社 2003 年版，第 87—88 页。

② ［德］黑格尔：《历史哲学》，九州出版社 2011 年版，第 27 页。

力，才能对自己面对的对象进行记载和描述。”① 我国学者汪丁丁指出：“当我们运用理性于经验世界时，首先需要运用的就是判断力。判断力密切地渗透到我们的知识过程当中。理性的前提就是判断力的运用。行动者必须借助判断力来估计可以利用的手段、机会以及社会与自然环境的一切因素。”②

系统的“知”与真正的“识”结合起来，才可称为“系统知识”（或称专门学问、高深知识、科学知识，也可称为理论）——主要包括概念、定理、原理、结构、体系、模式、范式等诸要素，由此构成我们的认识框架和分析方法。大学的意义就在于让我们知道，怎样去发现事实，怎样去认识规律，怎样去掌握系统知识，怎样去增长自己的智识，怎样去发挥自己的智慧！诚如美国社会学家贝尔所指出的：大学是产生“理论知识”的地方，这种理论知识是现代社会运行所需要的新的重要资源。③

大学为什么如此强调系统知识的重要性？系统知识是人类以理解等活动认识世界的形式，通过这种形式，人类的思想得以展现和塑造。只有掌握了系统知识，才能形成理论思维能力——理论分析能力和理论架构能力。纽曼认为：“我们对事物的认识，不是依靠一种直接、简单的眼光，不

---

① ［德］黑格尔：《历史哲学》，九州出版社 2011 年版，第 216 页。

② 汪丁丁：《行为经济学讲义》，上海人民出版社 2011 年版，第 136 页。

③ 参见金耀基：《大学之理念》，生活 · 读书 · 新知三联书店 2008 年版，第 145 页。

是一目了然，相反，可以说，是依靠零星的积累，依靠一种思维过程，依靠对对象的观察，对其诸多局部概念的比较、交融、相互矫正和不断适应，依靠对头脑的许多官能的运用，集中以及共同运作。”① 就是说，要达到一种心智上的结合与协调。而“知识、借以获得知识的培养以及知识所形成的品位，具有升华心智的自然倾向”②。第斯多惠亦认为只有以追求真理为前提，方可致力于智力培养。他指出：“培养智力从客观上讲应当和追求真理同时进行。”③ 他还进一步强调，人才培养的内容“不仅要求知识面的宽度，同时也要求知识面的深度，进一步讲，培养的内容还要求详细研究一门学科知识的总和，从而提高到精神财富的高度，不求甚解的学习将一事无成”④。这里所说的学科知识的总和，即指系统知识。德国学者费希特认为：“所有的人都有真理感，当然，仅仅有真理感还不够，它还必须予以阐明、检验和澄清，而这正是学者的任务。”⑤ 英国科学家赫胥黎认为：“科学是经过整理和系统化的知识。”⑥ 法国思想家卢梭认为：“一切有

① ［英］纽曼：《大学的理念》，贵州教育出版社 2003 年版，第 168 页。

② ［英］纽曼：《大学的理念》，贵州教育出版社 2003 年版，第 168 页。

③ ［德］第斯多惠：《德国教师培养指南》，人民教育出版社 2001 年版，第 31 页。

④ ［德］第斯多惠：《德国教师培养指南》，人民教育出版社 2001 年版，第 39 页。

⑤ ［德］费希特：《论学者的使命人的使命》，商务印书馆 2013 年版，第 44 页。

⑥ ［英］赫胥黎：《科学与教育》，人民教育出版社 1990 年版，第 34 页。

用的知识都来自于涉及事实的学科。”① 意大利学者莫斯卡亦认为：“科学必须建立在系统观察的基础之上，作为这样的观察需要格外的谨慎以及针对现象的适当方法，这些观察相互关联，从而揭示那些无可辩驳的真理，这些真理是普通人所无法洞察到的。”② 联合国教科文组织国际教育发展委员会进一步强调：“如果我们要确切地处理各种复杂信息，就要具备系统的知识、才智和技能。科学知识和科学观点乃是事物与现象的普遍的和本质的精华。知识体系和方法可以使人们能够对大量的信息作出他们自己的诠释，进而以肯定的方式去吸收它。”③ 以医生的职业为例，只有片言只语的医学“知识”，是难以从事医学工作的；唯有掌握了有关医学的系统知识，方可具备从事医学工作的基本条件。

2.3 循天下之理之谓道④

这里，我们不妨重温一下《大学》中的这样一段话：“知止而后有定，定而后能静，静而后能安，安而后能虑，

① ［法］卢梭：《爱弥儿》，武汉大学出版社 2014 年版，第 70 页。

② ［意］莫斯卡：《政治科学要义》，上海世纪出版集团 2005 年版，第 79 页。

③ 联合国教科文组织国际教育发展委员会编：《学会生存——教育世界的今天和明天》，教育科学出版社 2006 年版，序言。

④ 本书中关于我国传统哲学思想的一些引用或解读，只是“知识论”基础上的重新理解和现代表达。关于这些哲学思想的理解，可以参见叶秀山：《对于中国哲学之过去和将来的思考》，《新华文摘》2016 年第 11 期。

虑而后能得。物有本末，事有始终，知所先后，则近道矣。古之欲明明德于天下者，先治其国，欲治其国者，先齐其家；欲齐其家者，先修其身；欲修其身者，先正其心；欲正其心者，先诚其意；欲诚其意者，先致其知，致知在格物。物格而后知至，知至而后意诚，意诚而后心正，心正而后身修，身修而后家齐，家齐而后国治，国治而后天下平。"这段话中有几个关键词需要加以理解："格物"、"致知"、"意诚"、"知所先后"、"静"。

"格物"，是指客观事物的真实或本质，也可以说是"存在"或"宇宙和人生的根本问题"；"致知"，是指彻底了解客观事物的真实或本质，也可以说是"究天人之际"；"意诚"，是指不违背客观事物的真实或本质，不自欺欺人，不弄虚作假。"致知"本于"意诚"，"意诚"又为"致知"之功。如果把这三个词连起来理解的话，意即只有彻底了解客观事物的真实或本质，才能保证在光怪陆离的各种表象下不偏离正轨，在错综复杂的社会演进中不迷失方向。在"致知"的基础上，我们才能达到真正的"意诚"——尊重客观事实，继而才能保证遵循"知所先后"的顺序逐一地解决问题，"则近道矣"。在这里，"致知"是前提，只有做到了"致知"，才能在尊重客观事实的基础上而为之。相反，如果对事物的本质达不到"致知"的状态，或违逆事物发展的规律，其结果则南辕北辙、事与愿违。

以教育为例。一般来说，我们心理的成熟以及智识的增进是一个循序渐进的过程，教育也是一个有序推进的过程：自然教育——通过自然教育，了解自然属性，敬畏自然法则；生命教育——通过生命教育，了解生命意义，学会尊重生命；生活教育——通过生活教育，了解社会构成，学会善待他人；知识教育——通过知识教育，了解基本事实，提高知识运用能力。如果顺序颠倒，结果难以设想。诚如第斯多惠强调的那样：教育一定要遵循自然原则，必须“紧密结合人的天性，遵循人的自然发展规律”①。比如在实施教育的过程中，为什么将自然教育安排在所有教育之首呢？自然是孕育我们人类之母，也是我们人类生存之基；我们既要了解自然的法则和铁律，也要知晓自然是启迪我们生命灵性的根本所在。自然以其博大雄浑和微妙神美，向我们昭示着永恒的力量、美妙和真理。俯仰之间，万物一体，鹰飞鱼跃，花开叶落，哲理奥妙，无处不在。一切真正的知识探索、知识研究和知识创造，无不源于对自然的敬畏、对自然的亲近、对自然的观察、对自然的思考、对自然的感悟。没有这些，我们将失去一切。因此，著名科学家爱因斯坦才坚定地表明：“有一种超越一切的力量，支持着宇宙的科学法则和自然的运行变化，如果我们把这种力量称为上帝，那我就是要向这位上帝低头。”当今社会生活中存在的一些反自然和

---

① ［德］第斯多惠：《德国教师培养指南》，人民教育出版社 2001 年版，第 99—106 页。

反人类的行为，比如污染自然环境、破坏自然环境以及忽视生命存在、破坏公共安全的行为的发生，恰恰折射出我们的教育和社会发展中所存在的问题。故而，我国北宋思想家张载才有“循天下之理之谓道，得天下之理之谓德”的说法。我国清初思想家王夫之则解释为：“理者，物之固然，事之所以然也，显著于天下，循而得之，非若异端孤守一己之微明，离理气以为道德。”张载的这一观点表明，“理”与“固然”密切关联，具有本然、自然、固有规律之意，理并不是游离于事物之外而是孕育其中，“事有必至，理有固然”①。为了找出原因，为了因果关系的最终“解决”，解决的终点就是“真实”或“本质”，对“真实”或“本质”的揭示和证明即为“真理”。

我们为什么要追求事物的“真实”或“本质”呢？这是因为，真实是我们人类社会生活的真正支柱，是我们解决一切问题的引路明星。第斯多惠坚信：“追求真理，热爱真理是一个心灵纯洁而高尚的人的可靠标志……真理，只有真理才会美化人类，圣化人类，真理在某种程度上会改造我们的主观真理，当我们把真理变成了我们本身的精神财富时，没有一种尘世的财宝能与真理的价值与尊严相媲美。”② 换言

---

① 汪学群：《理者，物之固然，事之所以然也》，《光明日报》2015 年 11 月 19 日“评论 · 观点”版。

② [德] 第斯多惠：《德国教师培养指南》，人民教育出版社 2001 年版，第 32 页。

之，真正的社会进步和人类福祉是建立在尊重客观事实基础上的，任何缺乏真实性的信息都可能对人类社会和人类福祉造成巨大的危害。比如在日常生活中，我们常常希望这个社会应该公正。何谓“公正”？从根本上说，公正就是对事实的充分理解和把握。没有对事实的充分理解和把握，公正就无从谈起。合抱之木，生于毫末；九层之台，起于累土。这或许就是“道法自然”的道理吧！法国思想家洛克指出：“对于个体来说，人是通过理解而采取行动的，而理解能力的形成是建立在对知识的把握基础上的。如果对知识的认识发生了错误，就容易导致行动的失误。”① “大学尤其要有真理高于一切的信念。大学人更应信奉崇真向美、彰善瘅恶、讲格修睦、为国家乃至人类开太平谋福利释放正能量。”② 浙江大学的校训就是“求是、创新”。求是，就是追求真知。用我国科学家竺可桢的话说，“单是博学审问还不够，必须审思熟虑，自出心裁，独著只眼，来研辨是非得失。既能把是非得失了然于心，然后尽吾力以行之，成败利钝，非所逆睹”。

那么，我们又如何能够达到“致知”呢？《大学》中则用“静”字给出了言出如山的答案，即“致知”的过程需要心静。诚如我国晚明学者陈献年所说：“为学需从静坐中养

---

① ［英］洛克：《理解能力指导散论》，人民教育出版社2005年版，引言。

② 陈浩：《大学之大与大学之道》，《光明日报》2015年8月6日“光明讲坛”版。

出个端倪来，方有商量处。”① 心静意味着除却一切杂念地对客观事物进行长期观察与思考。比如看电视，如果我们频繁转换频道，就难以对电视节目有一个完整的把握。瑞士教育家裴斯泰洛齐曾经有过这样一个比喻：“大自然使一棵大树的种子首先生出几乎看不见的幼芽，然后，幼芽也不知不觉地分阶段发展，每时每刻地，首先长出最小的茎，后来长成树干，长出树枝，又长出末端细枝，细枝末梢挂满细嫩的叶子。用心思考大自然的这种活动——每个部分一生长出来，她是如何照料的，如何使之完善的，如何把每个新的部分与原有的持续生长的部分结合起来的。‘人类判断力的成熟无不表现出是对要判断的对象的所有组成部分获得了完全的感觉印象的结果；相反，在没有完成整体观察（直观）之前就作出判断，这种判断看上去似乎是成熟的，但只能看成一个被虫子蛀了的因而只是外表成熟、不到时间就从树上落下来的果实。’”②

2.4 系统知识的价值

首先，唯有系统知识，才能更加贴近真实地反映客观事物的本质，让我们对客观事物的真实性的认知，从混乱的感觉状态走向清晰的理性认知，进而加深关于物质世界和

---

① 转引白樊树志，《晚明大变局》，中华书局 2015 年版，第 239 页。

② ［瑞］裴斯泰洛齐：《裴斯泰洛齐教育论著选》，人民教育出版社 2003 年版，第 78—79 页。

人类社会发展规律的整体把握，实现《大学》中所说的“明明德”。不了解客观事物的真实，凭主观想象去揣摩，属于臆测；不进行严谨的调查论证而轻率地下结论，属于妄断。臆测导致妄断，妄断源于臆测。如果说臆测和妄断是表象，那么更深层的原因，就是放任了情绪，抛弃了理性，丧失了判断是非的能力。如此，小则混淆视听、误导公众，引发舆论灾害；大则造成判断错误、决策失误，造成社会问题。因此，德国哲学家黑格尔认为，对事实的尊重，关乎人类自身的“安身立命之本”。①

其次，唯有系统知识，才能为人类的理论思维提供有力的支撑。“一个人如果什么知识都不掌握，就无从分析知识、无法创造性地理解知识，更谈不上应用知识。因此，知识对于任何一种思维来说都是不可或缺的，没有知识，我们就无法思维。”② 何谓理论思维？理论思维是人类所具有的高级的心理活动形式，亦即在表象、概念的基础上进行判断、分析、综合、推理的认知活动。人类社会中诸多文明的消亡，往往就是由思维能力的低下或思维能力的退化所导致的。恩格斯指出：“一个民族要想站在科学的最高峰，就一刻也不能没有理论思维。”并盛赞思维是“地球上最美丽的花朵”。

---

① 参见［德］黑格尔：《历史哲学》，九州出版社 2011 年版，第 77 页。

② 高级思维过程包括：(1) 问题的确定；(2) 程序的选择；(3) 信息的表述；(4) 策略的形成；(5) 资源的分配；(6) 问题解决的监控；(7) 问题解决的评价。见［美］斯腾伯格：《思维教学——培养聪明的学习者》，中国轻工业出版社 2008 年版，为中文版所作的序。

最后，唯有系统知识，才能为人类社会的演进奠定重要的基础。知识构成人类智慧传承的最基本载体：一是标准知识构成了现代社会秩序的重要基础。一般来说，系统知识经过一段时间的沉淀之后，便可转化为标准知识（成熟知识或公认知识）。比如现代国家管理就需要确定各种标准——地图、人口普查、地籍名、标准度量、统一法律、身份证明、统计、规则等。再比如，由美国学者弗里曼特勒主编的著名的哲学丛书，曾对不同时代的哲学理念作出如下的概括：中世纪——信仰的时代，文艺复兴——冒险的时代，17 世纪——理性的时代，18 世纪——启蒙的时代，19 世纪——思想体系的时代，20 世纪——分析的时代。对于这种概括，人们可能会从不同的角度提出自己的质疑；然而，认真思考这些概括，会使我们形成对这些时代精神的鲜明而深刻的总体性理解和把握。这种总体性的理解和把握，不仅会使我们深刻理解人类的文明史，而且会使我们深刻思考人类文明的现在和未来。二是系统知识创新是人类社会有序发展的重要基础。美国学者诺思认为，系统知识的形成排除了事物中的许多不确定因素，提高了我们对事物变化的适应能力。因此，系统知识的创新也就成为人类社会进步和社会福利增加的基本源泉。① 每一次系统知识的创新，又为我们展

---

① 参见［美］诺思：《理解经济变迁过程》，中国人民大学出版社 2008 年版，第 2 章。

扩了通向未知领域的崭新视域，同时也为我们的诠释能力提出了崭新的要求。比如在工业社会形成的诸多系统知识，直接影响了我们思想观念、思维方式以及生活方式的形成；在互联网时代形成的诸多崭新的系统知识，又在改变着我们的思想观念、思维方式以及生活方式。可以说，系统知识的不断创新是自近代以来社会进步的最显著的特征。①

正是在此意义上，苏格拉底认为：“唯有一善，乃知识；唯有一恶，乃无知。”大学是系统知识的发现者、研究者、创造者和传播者，依此，大学也就顺理成章地成为现代知识和现代观念的大本营。

2.5 不可忽略的“米提斯”

当然，我们在强调系统知识重要性的同时，也不能否定

① 当然，社会生活中还有许多“实践知识”，这不是本文要论述的问题。关于“实践知识”，“人类的全部知识对人生来说是不够的，知识之外还有经验（未到知识阶段的人的经历、体验及其记忆），还有感情、心灵，还有不可意识、描述和感觉的‘人性全体’的其他部分。特别是人类的知识在现代突然爆炸性地增长，已经异化为一种非人的力量，任何个人在知识面前不晓得应该了解哪些，尽毕生之精力连一门学科的知识都不能完整把握，更何况学界门类之纷繁。人对知识的失控的感觉使人们在知识面前丧失了尊严，以前的世纪要求人们在神之前的谦恭，今天，人自己不得不在自己创造和发现的知识之前倍觉卑微。这种卑微不仅仅有如庄子‘人生有涯而知无涯’的容量上的慨叹，而且现在知识已生成自我的力量，它构成的自律性和偶然性（无序性）使人面临知识如海，风高浪恶。”参见朱青生：《十九札：一个北大教授给学生的信》，世界图书出版公司 2011 年版，第 222 页。

实践知识的作用。系统知识是抽象的、一般的、普遍的、既存的、简化的、一致的，系统知识永远不能穷尽实践，它就如同一张网，网住一些大鱼的同时也会漏掉一些小鱼。如果盲目追求同一性或囊括一切的总体性，势必会抽象掉诸多生动的具体实在。通常情况下，实践要比理论复杂得多。

实践知识是具体的、特殊的、个性的、现实的、复杂的、非一致的，实践知识并不会因为它的特点而失去存在的意义。比如在古希腊文化中有一种叫“米提斯”的说法，即“狡猾的智能”——在应对自然环境和社会环境的复杂变化中所形成的特殊技能。事实上，所有人类活动都需要一定程度的米提斯，即为了适应反复无常的环境变化而形成的应对能力，比如航海、驾驶、工艺以及突发事件处理等，我们如果不参与这些相关活动，没有在具体经历中去体验，就无法依据具体情况而融入其中。我国古语中有“入山问樵，入水问渔”的说法，现今日常生活中常说的“实践出真知”，亦是这个道理。不仅物理环境如此，人际之间的关系也如此。我们可以想象那些在瞬间不断变化的复杂运动，如拳击、击剑及一些团队项目的随机变化或组合。这类知识往往是人们在特定时间、特定地点、特定范围内训练的结果。

大学是专门从事系统知识研究和系统知识传播的场所。这类知识一般不受时空的限制，比如爱因斯坦的相对论、牛顿的万有引力定律等。这类知识一旦为人类社会所掌握，就会产生出巨大的功效，因此，人类社会就把这类知识的追求意识化，近代以来的实验科学就是这种意识化的产物。一位美国学者曾经用这样一个比喻解释了系统知识与实践应用之间的关系。匠人只对制作某些小工艺感兴趣，并不为根本性的原理操心，即不对因果现象之间的关系进行探究。就是说，匠人关心的是技术上的实际知识，而不是科学上的潜在原因。科学是“通过实验和观察发展起来并引起进一步的实验和观察的一系列相互联系的概念系统”。概念系统构成科学的基础。显而易见，匠人缺乏“概念系统”。相反，这样的系统历来是科学家所关心的事情。然而科学家对于日常生活中的问题既不了解，也无能为力。他们认为自己是超脱世事的，把时间用于思索永恒的真理或试图使一个支离破碎的世界成为人的头脑所能够理解的东西。近代以来的进步在于，知道实际知识与了解潜在原因的结合，奠定了科学的基础，推进了科学的发展，使科学成为今日的支配力量。①

---

① 参见［美］斯塔夫里阿诺斯：《全球通史——1500 年以后的世界》，上海社会科学出版社 1992 年版，第 10 章。

ALMA MATER

3. 大学是一个“学术共同体”

用严格的研究和实验的方法，发现自然的秘密，实在是真正精神的快乐……知识虽然无限，但科学家并不失望，因为不断地努力，日积月累，就可以对于自然逐渐明了。一次的成功，就有一次的进步，也就有一次的精神快乐。

——胡适

3.1 学术研究是“智者”的事业

德国学者费希特指出：“人类的发展取决于科学的发展，谁阻碍科学的发展，谁就阻碍了人类的发展。”① 美国历史学家俾耳德亦认为：“科学已经成为我们生活中不可磨灭的事实。凡逃避此种事实者，必致荒虚失败。”② 在谈到有关大学教育时，香港中文大学金耀基教授也对科学与科技的进步有过这样的评价：如今，“我们遇到的是‘科技性文明’的问题。我们所要面对的不是要不要‘科技性的文明’，而是要什么样的科技性文明，过去科技在世界之中，今天世界在科技之中”。德国哲学家海德格尔说过：“今天谈文化，如不考虑科技是不会深刻的。十六七世纪开始以来的科学，改变了

① ［德］费希特：《论学者的使命人的使命》，商务印书馆 2013 年版，第 41 页。

② ［美］俾耳德编著：《人类的前程》，外语教学与研究出版社 2014 年版，原序。

‘自然’。科学让我们了解世界，科技则改变了世界。到了今天，科技已在改变‘社会’。社会改变了，从我们早上出门上班坐车、搭电梯到打电话、接互联网，一切都在改变。”① 对我们来说，没有科学技术的进步，宇宙依然神秘狡黠，社会依旧混沌不清。

何谓学术研究？英国教育家纽曼认为：“学术研究就是整理事实并把事实分类，这样，有助于将知识由记忆的保存，转变为更确切、更持久的基本原理的保护，从而为知识的传播和进步创造条件。”② 学术研究是通向认知客观事物真实性的大门，也是大学存在和发展的基础。没有学术研究，便无所发现、无所创造、无所教授、无所服务、无所传承。因此，德国学者耶士培认为，大学的使命在于忠诚于真理之探寻。在他看来，大学乃是师生聚合以追探真理为鹄的之社会。真正的大学必须有三个组成：一是学术性之教学；二是科学与学术性之研究；三是创造性之文化生活。三者不可分，分则必归于衰退。③

那么，我们应该如何理解学术研究呢？一切探索知识、研究知识、创造知识、传播知识的过程都可统称为学术研究（科学研究）。学术研究的最高目的是“精确而无偏见地描述

---

① 转引自金耀基：《剑桥语丝》，中华书局 2013 年版，第 154 页。

② ［英］纽曼：《大学的理念》，贵州教育出版社 2003 年版，第 65 页。

③ 参见金耀基：《大学之理念》，生活 · 读书 · 新知三联书店 2008 年版，第 5 页。

世界（基本事实）”，即通过观察客观事物的本源、客观事物的始源以及各种不同事物之间的内在联系，提出各种假设和各种观点，然后经过辩论、检验、证实、修正或推翻严格的规范，揭示客观事物的本质和客观事物发展的规律，形成能够反映客观事物本质、客观事物发展规律的系统知识，或回答我们在各种实践过程中遇到的问题，或形成解决各种实际问题的思想，或展扩我们通向未知领域的崭新视域。据此，我们可以这样概括学术研究的基本性质和基本特征——学术研究是持续确证各种事实的过程，学术研究是一种严谨的道德职业，学术研究是一项纪律严明的社会活动。

首先，学术研究是持续确证各种事实的过程。我们可以分为两个层面理解：(1) 学术研究是确证各种事实的过程——如实认识客观事物的真实性，如一“描述”客观事物的真实性。如实就是符合，是知对物的符合；如一就是客观“描述”，任何脱离事实的描述都不具有学术价值。用德国哲学家黑格尔的话说，就是“我们必须如其所是地去把握历史”①。英国学者拉卡托斯指出：“在科学推理中，理论要面对事实；科学推理的主要条件之一就是理论必须得到事实的支持。”② 这种如实如一，就是“求真”。“求真”是学术研

① ［德］黑格尔：《历史哲学》，九州出版社 2011 年版，第 26 页。

② ［英］拉卡托斯：《科学研究纲领方法论》，上海人民出版社 1986 年版，导言。

究的核心。(2) 学术研究是持续确证各种事实的过程——学术研究成果要不断接受来自实践的检验。学术研究的目的是为了确证各种“事实”，然而由于存在种种条件的限制，我们的认识也会存在一定的局限。事实上，我们所说的知识是建立在特定假设基础上的，如果这些假设的条件发生了改变，相应的“知识”也需要进行自我修正。美国学者帕森斯认为：“真正的科学理论不是呆板的‘冥思苦想’的结果，也不是把一些假设中所包含的逻辑含义加以敷衍的结果，而是从事实出发又不断回到事实中的观察、推理和验证的产物。”①“知识”的真正意义在于确认它所赖以设定的假设是否真实。为了不断地接近事实，就需要持续接受来自实践的检验。也可以说，知识是我们不断发现、创造、再创造的过程，在这个过程中，知识总是处于形成过程之中。因此，英国学者拉卡托斯指出：“盲目虔信一个理论不是理智的美德，而是理智的罪过。”②

学术研究永无止境。学术研究成果并不意味着研究的终结，而是意味着对新的问题的探索的开始。在学术研究方面，我们需要将这样一句话常记于心，即结论为时尚早。正是由于学术研究的这一特质，德国学者韦伯才如是说：“我们每个人都知道，在科学中所取得的成就将会在十年、二十

---

① ［美］帕森斯：《社会行动的结构》，译林出版社 2003 年版，序言。

② ［英］拉卡托斯：《科学研究纲领方法论》，上海人民出版社 1986 年版。导言。

年或五十年内变得陈旧过时。这是科学的必然命运；这也正是科学工作在非常特定的意义上与其他通常坚持的文化领域相对而言所具有的意义。每一种科学意义上的'完成'都提出一些新的'问题'；它'要求'被'超越'和过时。无论谁希望从事科学研究，都必须面对这个事实。"① 一般来说，学术研究的评价标准有两个维度：一是学术性维度，即学术研究必须有明确的研究主题和卓有成效的研究方法；二是实践维度，即学术研究应该能够满足社会的某种需要。前者称为学术逻辑，后者称为社会需求逻辑。

其次，学术研究是一种性质严谨的道德职业。学术研究为什么要执着甚至是执拗地确证各种事实呢？最终目的是为了追求社会进步和人类福祉。瑞士教育家斐斯泰洛齐指出："违背内心公德感的行为会削弱我们的认识能力，毁坏我们的基本观念和情感的纯洁和质朴。善良的心地服从真理，人类的智慧以善良的心地力量为基础，人类的幸福以纯洁和质朴为基石。为了确保正确的智力结构得以在未受到污染的心地基础上建立起来，把这种纯洁和质朴保留在人们身上则是教育的头等大事。"② 学术研究是一种道德职业，只有严格遵守学术道德规范的卓然之士，才有资格从事学术研究工作。据说，早在雅典学园时，其入门处就用赫然醒目的一

① ［德］韦伯：《社会科学方法论》，华夏出版社 1999 年版，第 12 页。

② ［瑞］斐斯泰洛齐：《斐斯泰洛齐教育论著选》，人民教育出版社 2003 年版，第 251 页。

句话提醒人们：“不谙几何者不得入内。”无论是面对何种境况，都要坚持真理，坚持实事求是。一切谎言、虚伪、欺骗皆为学术研究之大敌。因此，真正从事学术研究的学者大都为昧于世事或直言骨鲠者，很少有曲学阿世之辈。

美国各大学都有一本研究生必读书，书名是《怎样当一名科学家》。此书开篇就有这样一段话指出科学研究事业是以信誉为基础的：“科学家相信其他科学家的研究结果是可靠的。社会相信这些研究成果反映了科学家诚挚的愿望——精确而无偏见地描述世界。高度的信任，体现了科学的特征和科学与社会的关系，促进了科学的空前繁荣与发展。但是，要维持这种信任，只有靠科学界自身致力于以实例证明，并传播科学研究道德的价值。”为此，美国学者夏夫利还提出了从事学术研究的具体的道德要求：一是尊重研究对象；二是避免参与人员的尴尬和心理紧张；三是不强迫他人接受自己的观点；四是杜绝剽窃他人成果或改变事实数据。①

最后，学术研究是一项纪律严明的社会活动。学术研究既是个人活动，也是社会活动。德国学者费希特认为：“学者掌握知识不是为了自己，而是为了社会。学者的使命主要是为社会服务，因为他是学者，所以他比任何一个人都

---

① 参见［美］夏夫利：《政治科学研究方法》，上海人民出版社 2006 年版，第 14 页。

能真正通过社会而存在，为社会而存在。”① 学术研究活动既然具有社会性，那么仅仅依靠个人的道德自律还不足以防止错误的发生。一般而言，如果没有科学的评判是非的标准，我们往往容易陷入许多毫无意义的争论之中。正如美国学者罗德斯所说的那样：“追求知识的最佳途径是依靠学者在充满活力与挑战的学术共同体中所进行的工作，而不能依靠在孤立状态下进行的研究。”② 只要投身于学术研究，学者就必须以理性为依归，尊重客观事实，运用理性思维和规范方法，或证明或证伪相关的研究成果，借此形成令学术界和整个社会信服的、与事实具有贴近度的系统知识。

3.2 学者的必备素质

何谓学者？学者就是对客观事物进行精心观察和精深思考的人，对出现在眼前的新事物的含义进行精心观察和精深思考的人。学者也可以称为“求道者”。与学者身份息息相关的词汇，往往关联到理性、反省、良知、良能、冷静。如北宋张载所言：“为天地立心，为生民立命，为往圣继绝学，为万世开太平。”为了学术兴趣，他们拔离社会的嘈杂

① ［德］费希特：《论学者的使命人的使命》，商务印书馆 2013 年版，第 41—43 页。

② ［美］罗德斯：《创造未来：美国大学的作用》，清华大学出版社 2007 年版，第 58 页。

而追慕宁静；为了学术理想，他们摆脱社会的人情世故而耐住寂寞；为了学术使命，他们勘破宇宙万象和社会百态而不计功利，以自己艰苦的思考和深刻的智慧寻找通往真理的道路。一般来说，从事学术研究的学者需要具备如下几个方面的素质：

其一，勇于追求真理。追求真理是人类社会生活的首要原则，也是学术研究的首要原则。学术研究所要的一切知识都必须以事实为依据，学者则以一种穷源究理的精神从事学术研究工作。学术要“为真理而真理”，反对“为功用而学术”。法国思想家卢梭曾经有过这样一句名言：“爱真理胜过爱一切。”① 霍普金斯大学首任校长吉尔曼在霍普金斯大学成立之初就鲜明地提出了自己的信条：“如果我们将要组建的这所学校不能把发现和传播真理作为唯一的目的，它就不配被称为大学。”② 费希特亦强调：“我的使命就是论证真理；我的生命和我的命运都微不足道；但我的生命的影响却无限伟大。我是真理的献身者；我为它服务；我必须为它承做一切，敢说敢做，忍受痛苦。”③ 梅贻琦校长亦指出：“凡能真诚努力做学问者，他们做人亦必不取巧，不偷懒，不

① ［法］卢梭：《爱弥儿》，武汉大学出版社 2014 年版，第 122 页。

② 转引自［美］马斯登：《美国大学之魂》，北京大学出版社 2009 年版，第 165 页。

③ ［德］费希特：《论学者的使命人的使命》，商务印书馆 2013 年版，第 46 页。

作伪，故其学问事业终有所成。”① 早在 17 世纪末，时任美国哈佛学院院长马德在毕业典礼上的致词中亦如是说：“你们这些喜欢进行自由的哲学研究的人无需效忠某位特定的大师，然而你们必须牢记亚里士多德说过的一句箴言：要与柏拉图和苏格拉底为友，但更要与真理为友。”② 此后，哈佛大学将办学方针确定为“求是崇真”，哈佛校徽上的拉丁文“VERITAS”即“真理”之意——倡导师生与真理为友。

其二，崇尚理性精神。何谓理性？理性就是崇实、求实、贵真、贵确，就是审慎明辨，就是尊重事物的本来面目和规律。何谓理性精神？理性精神就是让对事物的观察、因果的探求、实验的方法浸入于心，成为自觉。在美国杰弗逊总统看来，理性就是放弃所有偏见。③ 法国学者霍尔巴赫指出：“当一个人的理性能力遭到破坏的时候，他就会因为盲目相信一切而陷入恐惧、无知和偏见。”④ 为此，英国思想家边沁提出了“理性是构建社会幸福大厦的制度基础”的观点。⑤ 可以说，学者是理性精神的表达者和实现者。德国哲学家康德以法国启蒙主义者为例，提出了知识分子的行

---

① 梅贻琦：《中国的大学》，北京理工大学出版社 2012 年版，第 17 页。

② 转引自［美］马斯登：《美国大学之魂》，北京大学出版社 2009 年版，第 49 页。

③ 参见林语堂：《美国的精神》，群言出版社 2011 年版，第 190 页。

④ ［法］霍尔巴赫：《健全的思想》，商务印书馆 2006 年版，第 25 页。

⑤ ［英］边沁：《道德与立法原理导论》，商务印书馆 2005 年版，第 57 页。

为标准：勇于在一切公共领域运用理性和表达理性。德国哲学家黑格尔则认为启蒙追求的就是一种普遍性的形式。他说：“启蒙将一切猜测、虚构和幻想从人类的主体性之中驱逐出去。”① 他还指出：“真正的善，就是普遍的、神圣的理性，也有实现自己目的的能力和力量。”② 我国学者胡适先生亦指出：“科学之最精神的处所，凡无真凭实据的，都不相信。这种态度虽然有些消极，然而有很大的功劳，因为这种态度可以使我们不为迷信与权威的奴隶。怀疑的态度是建设的、创造的，是寻找真理的唯一途径。”③ 晚明学者陈献年也如是说：“学贵知疑。小疑则小进，大疑则大进。疑者觉悟之机也，一番觉悟，一番长进。”④ 科学史上有许多伟大的科学家如达尔文、赫胥黎、爱因斯坦等，都是贯注着这种“创造的怀疑”的精神。所谓“创造的怀疑”，就是一种批判精神，即不盲从他人的知识和方法，而是通过运用科学方法，亲自探索和把握事物的本质，从而推动学术研究的发展。

其三，尊重科学方法。科学是严肃的，科学是讲究方法的。在学术研究中，学者所面对的是大量杂乱无章的复杂信息，就如同森林般的茂密的现象。如果没有科学的方法，令人眼花缭乱的现实和漂流不定的盲目方法，就会犹如无底

① ［德］黑格尔：《历史哲学》，九州出版社 2011 年版，第 386 页。

② ［德］黑格尔：《历史哲学》，九州出版社 2011 年版，第 82 页。

③ 胡适：《东西文化之比较》，载［美］俾耳德编著：《人类的前程》，外语教学与研究出版社 2014 年版，第 30 页。

④ 转引自樊树志：《晚明大变局》，中华书局 2015 年版，第 232 页。

的沼泽误导我们脱离实际，进而深陷错误和荒谬之中无法自拔。我们前面提到的“格物致知”，就是对任何事情都要穷究其理。这句话本身没有问题，但不善用科学方法，就格不出什么道理。用我国教育家雷沛鸿的话说：“自由思想之可贵，是因为它经过理论、事实的考验而成为科学思想、科学原理、科学技术。”若没有科学方法为凭借，所谓的思想就成为无源之水。他进一步指出：“真理非前定，亦非一成不变，真理宜穷追，愈穷追，愈接近正确；真理出处，不在圣贤的言行，不在古代的经典，不在宗教圣经，而在宇宙间，人世间；追求真理的方法，不是一味采取主观的内省法，须运用客观的科学方法；科学研究的对象不限于书本，而重在客观事实，在事实上搜集材料为张本，依此张本多方假设，将假设应用事实问题，再加别择，屡试不爽，构成系统化的科学思想、科学原理、科学技术，而贡献于人类文明。”①学术研究必须按照科学的方法，对大量错综复杂的信息进行排列和分析。就是说，学术研究要按照一定的科学规范——大家共同遵守的“标准”或“尺度”从事学术研究工作。概括地说，学术研究不能怀狭偏见，而是以事实为基，以实验为稽，以推用为表，以验证为决。没有经过科学方法论证的“知识”，不可轻易采信。诚如德国学者第斯多惠所

① 雷沛鸿：《什么是构成大学“大”的要素》，载杨东平主编：《大学精神》，文汇出版社 2003 年版，第 61 页。

说：“只有在检测真理中才能得到真理，真理存在于检测之中，真理只有经过检测才能消除谎言和妄想。谁要是害怕检测所谓的真理，谁就不是真理的朋友，相反倒会变成真理的敌人。”①

其四，倡导学术自由。科学的进步不可依靠教条，而需要依据大量可观察到的事实所作出的合理推断。学术的基元是个体创造，正是由于无数的个体创造，才形成了学术共同体的大格局，成就了学术共同体的整体成就。可以说，学术自由是探索和认识真理的先决条件。第斯多惠指出：“世界上凡探求真理都允许百家争鸣，允许有不同的观点、见解和解释。”② 何谓学术自由，学术自由是指在学术研究的环境中有发表和讨论学术意见的自由。如果缺少自由的讨论和争辩的挑战，就无法检验相关的假设，无法扩展相关的理论，这样知识的发展就会受到限制。在大学里，人们可以对各种各样的知识进行测试和筛选，对各种各样的问题进行分析和阐述，用理性和开放的态度，包容激烈的争论、不同的观点以及多样的方法，最终通过对话达成共识。蔡元培指出：“大学者，‘囊括大典网罗众家’之学府也。”他还说：“我素信学术上派别是相对的，不是绝对的，所以每一种学科的教

---

① ［德］第斯多惠：《德国教师培养指南》，人民教育出版社 2001 年版，第 34 页。

② ［德］第斯多惠：《德国教师培养指南》，人民教育出版社 2001 年版，第 33 页。

员，即使主张不同，若是言之成理，持之有故，就让他们并存，令学生有自由选择之余地。”他相信“此‘思想自由’之通则，而大学之所以为大也。”[①] 梅贻琦在出任清华大学校长期间，常说的一句话就是“吾从众”[②]。这并不是说梅贻琦没有主见，而是作为校长对学术自由氛围的尊重。学术争论的最高境界，就在于每个人都能够充分发表自己的观点，又能够遇到充分的驳难。结果，谁都不是彻底的胜利者或失败者，各方在共生互补中向前发展。17 世纪中叶形成的世界上最早的学术机构——英国皇家学会的格言，就是“不以任何人的话为最终结论”（take nobody’s word for it），表达了会员们不惧怕任何权威控制，追求建立在以科学实验结果为事实基础上的观点。[③] 美国斯坦福大学的校训，就是“自由之风永远吹拂”。其含义是鼓励和保证师生能够自由无阻地从事教学和科学研究工作。1988 年，世界上最早的具有现代意义的大学——意大利博洛尼亚大学，在其建校 900 周年之际，发起了一项宣言，倡导学术独立和自由，至今已经有 80 多个国家的近千所大学签署了这项宣言。

其五，偏爱宁静冥思。一般来说，学术研究有这样一个特点，即沉寂、爆发，再沉寂、再爆发……经过这样一个

---

① 转引自金耀基：《大学之理念》，生活 · 读书 · 新知三联书店 2008 年版，第 12 页。

② 梅贻琦：《中国的大学》，北京理工大学出版社 2012 年版，朱自清代序。

③ 李大光：《科学传播的演化》，《新华文摘》2016 年第 11 期。

不断循环往复的过程，也就有了学术研究的不断出新。就是说，沉寂的过程就是积累创新的过程。正是由于这一特点，宁静成为学术研究中一种特殊的“生命气氛”。我们如果有机会到世界上一些著名大学去看一看的话，这些学校都有一种超乎寻常的宁静氛围，有一种超乎寻常的淡远之气。这种宁静的“生命气氛”，实际上是学者们或在静心地观察，或在冷峻地思考，或在潜心地揣摩，或在焦虑地等待。这个过程是常人难以理解的，其中的煎熬也是常人难以想象的。诚如英国教育家纽曼所指出的那样：“一个人要专心致志而又准确无误地观察一个难题，同时还要明明白白地把它说清楚，其中所感受的焦虑、所花费的心力是别的一切都无法相比的。”① 换言之，这个过程需要有一种孤注直往的、水也冲不走、火也烤不焦的耐心和耐力。唯有静水，方可流深。学者在选择职业的时候，就已经选择了安静。耐得住寂寞是学者的本分。美国著名发明家爱默生如是说：学者“必须把孤独当作新娘那样来拥抱。他必须独自感受喜悦和忧郁……为什么学者必须保持孤独和沉静呢？是因为他必须熟悉他的思想”②。现任中国人民大学校长刘伟在评价吴玉章终身成就奖获得者、我国著名经济学家卫兴华教授时这样说，他的人生经历了战乱、运动及命运中一个个艰难的决定，甚至可以

① ［英］纽曼：《大学的理念》，贵州教育出版社 2003 年版，第 184 页。

② ［美］帕利坎：《大学理念重审》，北京大学出版社 2008 年版，第 75 页。

说他的一生充满了清苦艰辛。但是，无论是顺境还是逆境，他都耐得住寂寞，守得住清贫，保持了一种对学术的信仰。“他的生命是和学术连在一起的。”① 河北农业大学李保国教授 30 多年扎根太行山区，每年“务农”200 多天，创新推广 36 项农业实用技术，帮助山区农民实现增收 28.5 亿元，带领 10 多万群众脱贫致富。② 我国学者陈浩指出：“欲想有成就的学者，对科学真理契而不舍的追求精神，不只是口头上的，而是渗透于自己的潜意识和日常生活行为中。尤其做基础研究或理论原创的学人，如果没有一种呕心沥血、孜孜以求的精神境界，就不会出大成果，就成不了大科学家或大学问家。”③

3.3 “学术共同体”的整体超脱性

学术之目的在于求实，学术之根基在于坚守，学术之灵魂在于自由，学术之生命在于创新。正是由于学术研究的这些特点以及所形成的特定规范，学术研究才成为一件充满情志的工作，吸引了一批又一批献身于学术研究和学术教

---

① 叶雨婷：《坐热人文社会科学研究“冷板凳”》，《中国青年报》2015 年 12 月 19 日。

② 参见耿建扩：《一位知识分子的人生坐标》，《光明日报》2016 年 5 月 2 日第 1 版。

③ 陈浩：《大学之大与大学之道》，《光明日报》2015 年 8 月 6 日“光明讲坛”版。

育的学者，形成了一个特殊的“学术共同体”。美国学者罗德斯指出：“如果要用一个词来形容大学所进行的教学和研究的独特方法，那么这个词就是‘共同体’。”[①] 这个“共同体”，具有自己特定的组织架构、话语系统、评价标准以及治理方式，甚至具有自己特定的群体记忆、群体认知、群体心理以及群体人格。综合来看，学术共同体中的学者们往往具有这样的个性表现：每当投入研究，便会纷扰顷除；每当遇到困惑，便会凝眉思索；每当聚会交流，便会阴霾全无；每当有所发现，便会顿生愉悦。正如我国学者郑晓沧所言：如果对事情认识清楚，我们就无足忧惧。以“真知”获得孟子所说的“仰不愧于天，俯不祚于地”的“真乐”。[②] 知识发现和知识创造之所以不断有续，其缘由或许就在于此吧！

学者们既然选择了学术事业，就像葵花一样义无反顾地朝着阳光而生长。正是这种执着的坚守，学术共同体才具有了整体超脱性，获得了盎然的生命力。可以说，这个群体有时很软弱，软弱得甚至难以改变自己；这个群体有时很强大，强大到甚至足以改变世界。比如，法国哲学家笛卡尔的《几何》不仅为后来的微积分提供了分析工具，而且折射出影响世界的思想方法论；英国科学家牛顿的《自然哲学之教

---

① 罗德斯：《创造未来：美国大学的作用》，清华大学出版社 2007 年版，第 55 页。

② 郑晓沧：《大学教育的两种理想》，载杨东平主编：《大学精神》，文汇出版社 2003 年版，第 38 页。

学原理》标志着 17 世纪科学革命的顶点，为后来的工业革命奠定了科学基础；法国化学家拉瓦锡在《化学基础论》中详细论述了氧化理论，推翻了统治化学百余年之久的燃素理论，这一智识壮举被公认为历史上最自觉的科学革命；英国生物学家达尔文《物种起源》中的进化论思想不仅在生物学发展到分子水平的今天仍然是科学家们阐释的对象，而且一百多年来几乎在科学、社会和人文的所有领域都施展着它有形或无形的影响；英国哲学家洛克通过《人类理解论》，解释了人类知识和观念的起源、范围和限度，其中所形成的经验主义学说启发了整整一代启蒙思想家；马克思和恩格斯《共产党宣言》的问世，则为整个人类社会的未来发展指明了道路。

在“学术共同体”中，无论是教师还是学生，都沉浸在充盈整个校园的探究知识和创造知识的氛围中。大家以一种“千磨万击还坚劲，任尔东西南北风”的精神，在学术探索中寻求乐趣，在学术发现中获得一种知性的动力和知性的愉悦。诚如我国学者胡适所说：“用严格的研究和实验的方法，发现自然的秘密，实在是真正精神的快乐……知识虽然无限，但科学家并不失望，因为不断地努力，日积月累，就可以对于自然逐渐明了。一次的成功，就有一次的进步，也就有一次的精神快乐。”① 第斯多惠认为：“一个真正掌握了

---

① 胡适：《东西文化之比较》，载［美］俾耳德编著：《人类的前程》，外语教学与研究出版社 2014 年版，第 29 页。

真理和教育规律的人在精心的研究和探索中自会其乐无穷。这种人的精神生活就其认识活动来讲就在于研究和探索。”① 美国学者夏夫利则慨然：“学术研究是相当让人兴奋和有趣的事情。虽然一些整天受日常和学期折磨的学生也许不这样认为，但是对以比较轻松的方式来从事研究的人以及参与长期研究项目的教授和学者来说，研究也许充满魅力，并且是产生巨大满足感的源泉。”② 我国学者陈平原亦如是说：“假如你以学术为志业，那么，得尽量找一个和自己‘趣味相投’的学科、专业或课题。能做多大的学问，很难说；自得其乐，这最重要。”③

据说，古希腊科学家阿基米德在一次洗澡的时候，忽然解决了他所疑难的问题，他快乐得不知所措，赤着身子跑到街上四处喊叫。因此，有人总结了学术研究的最高境界是“蓦然回首，那人却在灯火阑珊处。”要有“蓦然回首”的功夫和机遇，就需要耐得住“独上高楼”的寂寞，有“终不悔”的执着和“众里寻他千百度”的呆气。

① ［德］第斯多惠：《德国教师培养指南》，人民教育出版社 2001 年版，第 34 页。

② ［美］夏夫利：《政治科学研究方法》，上海人民出版社 2006 年版，第 1 页。

③ 陈平原：《大学何为》，北京大学出版社 2006 年版，第 50 页。

4.“宁静”：大学的“生命气氛”

仰观宇宙之大，俯察品物之盛，而自审其一人之生应有之地位，非有闲暇不为也。纵探历史之悠久，文教之累积，横索人我关系之复杂，社会问题之繁变，而思对此悠久与累积者宜如何承袭节取而有所发明，对复杂繁变者如何应付而知所排解，非有闲暇不为也。

——**梅贻琦**

从抽象的意义讲，社会往往有两种显像的存在：永恒的和短暂的，延续的和断裂的，渐变的和激变的。具体来说，在现实社会的构架中，大学是一种永恒的、延续的、渐变的力量的代表。从长远来看，大学的“慢变量”要比前者垂之久远。

4.1 不可按社会流俗要求大学

作为“学术共同体”，大学仅以学术研究为趣，而不以世俗期待为重。从学术研究的特质来看，学术研究是一项“专心”和“审思”的活动过程。“专心”，即是全身心地投入于对某一客观事物的观察和探索；“审思”，即是对收集已知的和经验的客观事物的各种要素进行分析，在对每一个“特殊”要素的清晰认知的基础上，将诸多“特殊”要素进行“内恰性”的整合，形成首尾一贯的系统认知，进而形成具有价值的系统知识。这种不停歇地集合时间、不间断地集合细小的研究方式，如同精卫填海，点点滴滴，哪怕是一门知识也足以耗尽终生，甚至需要几代人的努力。诚如德国学者韦伯指出的那样：“只有通过严格的专业化，科学工作者才能完全地意识到——只有一次，也许他一生中不会再有第二次——他取得了某种永久的东西。一种真正确定的和卓越的成就，在今天总是专业化的结果。无论何人，只要他缺乏运用观察工具的能力，并且认为他的灵魂的命运取决于他对某一篇手稿的某一段的猜测是否正确，那么他最好还是远离科学。他绝不会有人们所说那样的关于科学的‘个人经验’。倘若没有这种奇怪的陶醉（它常常受到局外人的嘲笑），倘若没有这种激情，没有这种‘前不见古人，后不见来者’的激情，而只是根据你是否成功地作出了这种猜测，那么，你就失去了对科学的任何需求，因而你应该改行去做一些其他事情。因为除了以富有激情的献身精神去追求以外，没有其他任何事情能使人真正成其为专家。”① 比如，从 1700 年直到今天，比利时皇家天文台每个月都要持续从太阳黑子观察者手中搜集数据；1879 年，美国密歇根州立大学校园里埋下了 20 个装有不同类型植物种子的玻璃瓶，直到今天，这样漫长的实验还没有结束，学者们仍然在默默等待。再如 2010 年度诺贝尔医学奖授予了 85 岁高龄的，被称为“试管婴儿之父”的英国学者爱德华兹。有关“试

① ［德］韦伯：《社会科学方法论》，华夏出版社 1999 年版，第 8 页。

管婴儿”的研究是从1966年开始的，迄今已经有28年的历史，也可以说这是一项长达28年的科学实验；2015年度诺贝尔医学奖获得者我国学者屠呦呦，从开始参与疟疾防治药物研究工作到青蒿高抗疟功效药物研发成功，再到获得诺贝尔医学奖，经过了近50年的时间；当年爱因斯坦的想象与推论更是远远超越了时代发展，以至于关于引力波的理论在相当长的时间内无人问津。真可谓是“独上高楼，望尽天涯路”。

大学这一“学术共同体”的高标自持，确是世俗之人难以想象，也是难以理解的。根据新近的调查结果，2015年中国公民具备基本科学素养的人数比仅为6.2%。正是由于基本的科学素养的欠缺，现实社会中总有那么一些人按照自己的心理色调评价学者，用什么书生啦、什么书呆啦、什么书虫啦，或加以贬损，或加以指责。再比如，有些人常常在缺乏事实依据或明知不可为的情况下，要求学术研究与所谓的“实际”对接，为社会服务。与实际对接没有错，为社会服务也没有错，但如果无原则地做，明知不可为而硬为之，就会贻害无穷。服务社会，并不意味着轻忽学术研究，而是更加重视学术研究，加速形成高质量的社会服务体系。比如第二次世界大战结束后，罗斯福总统即责成科学研究与发展局规划战后美国科学研究体系，著名的《科学——无止境的疆界》国家政策报告由此诞生。同时，美国政府也加强了对大学的支持，开创了美国大学科学研究的繁荣时期。美国大学亦不孚众望，源源不断地为美国科学技术与社会发展提供了创新动力。我国学者费孝通早就指出：从熟悉的事物中获得的认识是个别的，并不是抽象的普遍原则。① 德国学者雅斯贝尔斯也认为，对于某些人来说，他们仅仅是羡慕科学的成就，却不明白科学的奥义。他深刻地指出：“真正的科学是一种智者的知识，假如把信仰科学的焦点集中在科学技术的成果上，而不去了解其方法，那么在这种错觉中，迷信就形成了真正信仰的赝品，人们就会把希望寄托在仿佛是固定不变的科学成果上。对科学的迷信导致了对一切事物的了解都是乌托邦式的……认为科学探索无所不能，一切困难都可以克服，人类从此可以过上幸福富裕的生活……”事实上，对科学的迷信很容易造成对科学的敌意。为什么呢？他认为：“当这些专家也无力解决问题时，他就会失望地离开专家，而走向科学的骗子。”② 以经济学为例。在我国学者樊刚看来，理论创新是一件很不容易的事情。他认为：“我们要掌握理论抽象的基本思维方法，要学习掌握人类有史以来在经济学理论中的已有的各种建树，要熟悉大量新鲜的事

---

① 费孝通：《乡土中国》，人民出版社 2008 年版，第 8 页。熟悉则灵，陌生则愚，各有所长，各有所短。个别人认为学者的“愚”，只是具体环境的知识问题，而不是智识问题。智识是系统知识学习的结果。有些人总是以自己熟悉的东西衡量学者，认为学者掌握的知识无用的观点是十分有害的。同样，用社会的看法衡量我们大学生的做法也是不足取的。零碎知识并不能让我们变得聪明，只有系统知识，才能让我们增进智识。——笔者注

② ［德］雅斯贝尔斯：《什么是教育》，生活·读书·新知三联书店 1991 年版，第 145 页。

例，要在现实中发现新的问题，或者说，要有发现新问题的能力……就经济理论而言，从亚当 · 斯密的《国富论》1776年发表至今，已有了二百多年的历史，这当中那么多的经济学家从方方面面对人的经济行为和各个时期、各个国家的经济现象进行了大量的理论研究，经济学大厦已经是高楼万丈、纷繁复杂，再想创新，谈何容易！”①

系统知识的获得是一个长期观察、反复梳理、深入思考和规范研究的过程，这个过程就是学术研究的过程。如果没有或者缺少这样一种学术研究工作，我们就无从了解客观事物，对客观事物的认知就会局限于历史的片面、时空的截面、人生的浮面，许多做法可能就是局限于自我狭隘思维的迷魂阵里左支右突。片断逻辑的累加，其结果可能恰恰违反了大逻辑；应急措施的迭代，其结果或许恰恰悖逆了大规律。比如当今社会中的一些股评，基本上就属于一种短期化的评论或情绪化的评价，常常让人感觉浮嚣无定。行情一上涨，就一股脑地说好；行情一下跌，就一股脑地说差。股民们则听风即雨，涨跌之间，一键搞定，或匆忙地买或匆忙地卖，其结果是忙活一年，一年忙活，最终收获甚微。对待气候变化亦是如此。每当气候一发生变化，就有人称是极端气候，于是，便在慌乱中采取许多人为的干预措施。如果我们对气候变化进行长期观察并给出气候变化曲线，就会发现，

① 樊刚：《中国经验与理论创新》，《新华文摘》2016 年第 6 期。

短期内所显示的陡然变化，若在长期内（百年或者千年），可能就是一个正常的周期性变化而已。然而，恰恰是因为不断采取的人为干预措施所产生的迭代效应，破坏了原有的变化规律，极端气候不仅没有好转，反而进一步加剧。我们的一些社会政策措施也存在同样的情况。因此，恩格斯在《自然辩证法》一书中才字字入骨地警示我们："我们不要过分陶醉于我们人类对自然界的胜利。对于每一次这样的胜利，自然界都对我们进行报复。"①

大学就是大学，社会就是社会；大学理应引导社会，而不应为社会所左右。诚如有学者指出的那样："如果一个人对社会事态和世俗心态过度关注，就会成为深思的障碍、哲学的坟墓。因此，必须与社会保持一定的间离、阻断和陌生感。只有与世俗切割，不为浮云所蔽，才能发现恒久。"香港中文大学金耀基教授也认为：大学学者与学生不能萧然物外，对社会无萦念，对生命无热情。但假如急于走出"象牙塔"，则不啻于放弃了大学之为学习与创建知识的目标。大学之对社会保有一定的距离是有必要的，此一距离是维持观照反省的智慧之客观条件。② 美国学者佛兰斯纳则强调：一间伟大的学府，必须是"时代的表征"。她不但要反映时代的声音，还要是社会风尚的定针。如果僵持拒变，不知

---

① 《马克思恩格斯选集》第 3 卷，人民出版社 2012 年版，第 998 页。

② 参见金耀基：《大学之理念》，生活 · 读书 · 新知三联书店 2008 年版，第 22 页。

适应，自不免失去活力与生机，僵死“塔内”。但如中心无主，盲目跟随“塔外”之风乱转，则亦不免会失落她的性格与认同。① 我国学者李培根院士在回答大学的社会责任时如是说：社会责任——服务耶？引领耶？大学的一个重要社会责任是服务，但大学的引领作用更重要。哈佛大学前校长福斯特亦指出：“大学的本质是对过去和未来负有独一无二的责任——而不是完全或者是哪怕是主要对当下负责。我们今天的教育似乎主要是对当下负责。大学应该服务社会，但大学不能仅仅是社会的风向标，而应该是社会发展的发动机，尤其是一流大学，应能引领科技发展、社会思想和文化进步。”② 在总结美国常春藤大学如何成为世界一流大学的经验时，我国学者王定华认为，美国常春藤大学能够成为世界一流大学的恒定力量是：“确立和坚持自身的发展哲学。这些大学都将一个相对不变的、恒定的、一代又一代追求的发展作为指导思想。这包括校风、学风、教师的准则。”③

这里，我们不妨援引孔子和颜回有过的一次对话：“最好的农民不一定有最好的收成，最好的工匠也不一定能让人

---

① 参见金耀基：《剑桥语丝》，中华书局 2013 年版，第 103 页。

② 李培根：《大学教育最高境界是心灵的抵达》，《新华文摘》2015 年第 10 期。

③ 王定华：《从美国常春藤大学看中国世界一流大学的建设》，《新华文摘》2015 年第 10 期。

满意。一个人即使能够把自己的学说有序地传播，也不一定能够被别人接受。你如果不完善自己的学说，只一味追求世人的接受，志向就太低了。”正如陡峻的高峰时常容易被云雾所遮蔽，而人们一般只喜欢围着眼前容易攀爬的山坡上上下下、狂呼乱喊，却全然没有注意到那一抹与天际相接的隐隐的青褐色就是一座惊世高峰。能够成为社会仰望的学术“制高点”，或经典思想、或文化坐标、或科学成就，就如同那座惊世高峰令人难以企望。学者们所思考的问题未必直接反映某种明确的现实利益；他们提出的思想或构想，往往也不是很快就能够实行的。他们思维敏捷，有些现象刚刚出现，他们就马上能够意识到，而且很快超越这些现象，提出自己的观点，进而给人们预示出发展的前景。比如英国哲学家霍布斯的《利维坦》、法国思想家孟德斯鸠的《论法的精神》，都是如此。学者们可以进入到看来与现实毫无联系的时间或空间中去，或进入到人的认识领域里去。这方面的例子，从古至今，浩如烟海。

学术研究是沉静思考的过程，切不可按照社会流俗看待大学；学术研究是缓慢迭加的过程，断不可按照功利标准要求大学。学术研究的最高标准不是实用主义，大学不应该为太多的社会活动所缠绕，学者更不能匍匐在“立竿见影”的流俗泥土里。

4.2 不可按行政方式管理大学

法国学者涂尔干指出："科学的探究必须极为审慎地进行，不必有最后期限。"① 德国学者雅斯贝尔斯也认为："真正献身于学术研究的人是需要勇气的，在一般人看来也是一件不平常的事，但有史以来研究工作就不屑于普通人所能从事的工作，一个运用科学方法进行研究的人，只有当他把追求真理当作一种内在需要时，才算是真正参与学术研究。"② 大学是一个"学术共同体"，以自由探索为乐，而不以功利目标为意。在学术规范之外，不应加诸各种行政手段。因发明高亮度蓝色发光二极管而获得2014年诺贝尔物理奖的日本名古屋大学教授天野浩认为，基础研究和应用研究就像两个车轮，缺一不可。他指出："从探求真理的角度看，最好基于自己的想法出发，自主发挥作用，去拥有自己研究的环境。"③ 当然，这不是说学术活动可以信马由缰，而是要回归符合学术规律的自我管理，以健康、合理的学术评价和激励机制，激发学术共同体的活力。

行政管理的特点，往往是指定范围、形成指标、设置

① ［法］涂尔干：《道德教育》，世纪出版集团2006年版，第5页。

② ［德］雅斯贝尔斯：《什么是教育》，生活 · 读书 · 新知三联书店1991年版，第147页。

③ ［日］天野浩：《最理想的科研环境就是自主发挥》，《环球时报》2016年4月27日"访谈时录"版。

门槛、限定时间、确定人选，然后按照林林总总的要求进行各种“检查”、“评比”或“验收”。这种思路下，为了自身的业绩，每一个行政部门都要急切地出台各种各样的文件，对学校提出各种各样的要求。更有甚者，有的竟然将行政领导的批示作为衡量学术水准的重要指标。如此这般，行政部门千条线，学术研究一根针。在各个行政部门的指挥棒下，学术研究每每陷于疲于应对或无所适从的局面。一般情况下，大学对于一些行政命令或指标始有反感，继而从之，再则乐之。于是乎，有害于学术研究氛围的急躁、浮躁乃至虚妄的氛围就自然而然地形成了：学校为“急功而动”，热衷搞跟风、抢速度、争名次；学者为“求名而舞”，忙于跑课题、报项目、获奖项；学生为“功利而学”，应付考证书、搞比赛、忙就业。这些“反学术”和“反教育”的做法，为害已深，令人担忧。事实表明，学术评价一旦与某种具体指标“挂钩”，导向作用就会迅速产生，并对学术活动产生持续、广泛的影响，各种弊病也随即相伴而生。这或许就是一种“行政效应”吧！

急功近利式的学术氛围的形成，已经伤害了许多基础研究工作。我国学者李静海院士指出：“我们的基础研究工作还不尽如人意。模仿跟风现象比较普遍，对一些热点问题往往一哄而上。”我国在国际权威刊物上发表的论文的总体质量与发达国家相比差距十分明显，以《科学》和《自然》为例，美国哈佛大学每年稳定地在这两种杂志上发表百余篇论文，而我国所有大学每年发表在这两种杂志上的论文只有几篇到十几篇。据统计，我国基础研究总投入中，企业投入仅占 1.6%，美国和欧盟等发达国家的企业投入占到基础研究投入的 20%。① 记得我国学者陈平原教授曾经以调侃的方式再三呼吁："马儿呀，你慢些跑。"他认为："眼下的中国人，从政府官员、大学校长到普通民众，谈论教育时都过于'急性'，且过于追求'戏剧性'。"他还尖锐地指出："总想找捷径，抄近道，然后一路凯歌，夹道欢迎，那不是办教育的心态……教育需要的是志气、毅力以及情怀。认准了大方向，然后一步一个脚印地往前走，这就行了……如果狂飙突进，短期内数字很好看，可放长视线，过于迅速的'崛起'，留下了很多致命的隐患。"② 日本学者天野浩就表示，从事科学研究，必须有敢于挑战无人涉及领域的精神。他自己不是为了获得诺贝尔奖才从事研究的，获奖只是"意料之外"的事情。③

科学是对未知的探索，很难明确在哪个时间节点上出成果。学者们只能慢慢摸索，不断地在重复的试错和修正中前行。诚如中国科学院电工研究所副研究员邓卫比喻的那

---

① 《重视基础研究不能只"停留在表面"》，《中国青年报》2016 年 4 月 12 日"科研创意"版。

② 陈平原：《大学小言》，生活 · 读书 · 新知三联书店 2014 年版，第 246 页。

③ ［日］天野浩：《最理想的科研环境就是自主发挥》，《环球时报》2016 年 4 月 27 日"访谈时录"版。

样：就像我们手机上的App，有的看起来炫酷，但要回溯它的开发，更多的则是无数次的失败，直到做出炫酷的效果，而这个过程可能就显得十分枯燥无味。[①] 无论是学术研究也好，学生培养也罢，一旦滑向庸俗化，其结果就是：一是扰乱了正常的学术研究氛围，二是学校发展陷入虚假繁荣的误区，三是为学生健康成长埋下隐患。总之，学术研究一旦急功近利式地“以量称重”或围绕行政的指挥棒转，就会导致“劣币驱逐良币”的局面，最后受到伤害的就是学术的创新力。这样的教训在中外大学发展史上比比皆是。以美国芝加哥大学教育学科发展的教训为例。芝加哥大学的教育系为实证主义大师杜威所建，初期声名远扬，考虑到教育学科的实践性，杜威同时还建立了一个附属的实验中学作为实践基地，借此推动理论与实践的共同发展。但发展到后期，该系被外在力量严重主导，忽略了教育科学自身发展的规律。结果在1996年被芝加哥大学评价为学术不够卓越而被撤销。撤销的理由是，其教育学的学术与专业计划“不是源自自身的学术地位、知识发展和人才培养需要，而是随着政府、基金组织的意愿打转，不符合芝加哥大学的学术传统”[②]。因此，加拿大学者雷丁斯认为，当绩效指标成为大学管理的指

① 参见陈馨瑶：《绚丽科学日背后的科研常态》，《中国青年报》2016年5月17日“科研创意”版。

② 转引自胡娟：《如何认识和评价世界一流学科》，《光明日报》2016年3月29日“教育周刊”版。

挥棒时，实际上大学就企业化了。大学对利益的过分追求，必然导致其变得越来越功利，同时也丧失了国家民族精神。他指出，当大学失去了文化使命后，也就进入了大学的黄昏时代，走向了“废墟”。①

在今天，谁还能想象没有万维网的社会生活吗？殊不知，万维网最初只是欧洲原子能研究中心内部的工作平台而已。1989 年，在欧洲原子能研究中心从事研究工作的英国科学家蒂姆 · 伯纳斯 · 李，为了给来自世界各地的科学家创建一个信息沟通的平台，就“顺便”发明了万维网。难能可贵的是，当万维网成为互联网时代通信的基本要素的时候，欧洲原子能研究中心本来是可以申请专利然后再使其商业化的，但欧洲原子能研究中心发表声明，主动放弃了这个机会。欧洲原子能研究中心认为，如果为这项技术申请专利，固然一定会使中心在财富创造上取得巨大成功，但这项技术在人类生活中的广泛应用性必定受到巨大影响。在赚钱和为人类造福两者不可兼得的情况下，欧洲原子能研究中心毅然选择了后者。②

一个充满科学精神的事业，才会有发展；一个充满科学精神的民族，才会有进步。我们应当理解知识的意义，尊重

---

① 参见侯长林：《建设一流大学，听听雷丁斯的声音》，《光明日报》2016 年 4 月 12 日“高等教育”版。

② 参见何农：《基础科学研究的实用价值》，《光明日报》2015 年 4 月 12 日“国际新闻”版。

大学的价值，遵守学术的规律，坚守学术的品格，唯秉此，才能涌现出具有卓越创造性的大学。在这方面，政府尤其应该勉力引导，奋力传扬。

4.3 大学的"宁静"是一种正能量的孕育过程

大学是"知识社会"，大学是"学术共同体"。大学的应尽职责是抱定理性精神，以坚守学术研究、人才培养、服务社会、文化传承为己任。

理性是平静的，不是激情的；研究是缓慢的，不是急促的。有时，宁静是一种清醒，忙碌是一种糊涂。教学活动不应该比激情、比分贝，而是比逻辑、理性、视角和方法；学术研究不应该比忙碌，更不需要燃烧的激情，学术研究需要的是宁静中的理性精神。诚如我国作家余秋雨先生所说，燃烧是一种让人睁不开眼睛的吞噬，火焰是一种灼热而飘忽不定的狞笑。美国芝加哥大学诺贝尔文学奖获得者贝娄也认为喧闹是大学的大敌。① 大学必须慎终追远，如细雨润物，如微风轻拂。通过学术研究，一点一点地推动社会；通过人才培养，一点一点地塑造社会；通过文化思想，一点一点地引领社会。战国时代，墨子对鲁国一个叫吴虑的人做过这样一

---

① 参见金耀基：《大学之理念》，生活·读书·新知三联书店 2008 年版，第 21 页。

番表白。他说，为了不使天下人挨饿，我曾想去种地，但一年劳作下来又能帮助几人？为了不使天下人挨冻，我曾想去纺织，但我的织物还不如一个妇女，能给别人带来多少温暖？为了不使天下人受欺，我曾想去帮助他们作战，但区区一个士兵，又怎能抵御侵略者？既然这些作为都收效不大，我就明白，不如以历史上最好的思想去晓示王侯贵族和平民百姓。这样，国家的秩序、民众的品德一定都能获得改善。

宁静是大学的本质要求，也可以说，大学是一种“宁静”的力量。什么是宁静？宁静是一种在社会的剧烈流变和喧嚣浮华中保持“置身闲暇与耐住寂寞”的状态，于是，大学也就拥有了一个消除许多糟粕、略去许多复杂因素的宁静校园。在这里，人们的交往方式和生活样态主要是围绕学术活动和人才培养展开的。没有细心的观察，就不会有关键的发现；没有宁静的思考，就不会有理性的思想；没有耐心的等待，就不会有重大的成果。如果这些都失去了，那剩下的只是急躁、浮躁或虚妄，而急躁、浮躁或虚妄往往成为社会进步的破坏力量，这样的躁动会让社会付出惨痛的代价。比如我们对所有的事情都要求快，要求赶速度，要求“献礼”工程，那么，一夜之间就可以拆掉一个村庄，一夜之间就可以盖起一栋高楼，这真可谓是“神速”！但实际上，我们就是在这样一种“神速”中忽略了基本事实，违背了客观规律。比如建筑用的水泥，如果时间不充分，凝固质量就难以达到标准要求，用这样的水泥建房子，不要说爆破，就是小小的震动，都可能轰然倒塌。这就如同一名举重运动员，依靠服用类固醇来加速肌肉增长，希望将锻炼效果最大化，结果就是加剧压力、狂躁、损耗，最终导致失败。再比如，当所有的人都急躁起来的时候，就如同道路上的车辆出现混乱而难以控制。因此，学术研究必先祛其浮气，练其精心。我们断不可让大学轻易而动，更不可让大学与社会竞奢斗华。我们应该从良心出发，从责任出发，从民族的担当出发，一点一滴式地慢慢积累、缓慢迭变。美国学者怀特海指出，一个社会“发展的巧妙之处就在于变中求稳、稳中求变”①。另一位美国学者皮尔逊亦认为：“缓慢性是熔炉，它把浮渣与真正的金属分离开来，它把社会肌体从无益的、也许还有害的实验变动的演替中拯救出来……须知社会作为一个整体必须谨慎地运动……一个稳定而有效率的社会是数世纪发展的结果。”②

北京大学钱理群教授强调，今天的大学尤其需要“沉静”、“清洁”、“定力”这三种精神力量。尊重大学的宁静，就是尊重大学自身的特质，就是尊重大学的自然进程。不应要求大学急于出成果、急于见成效，只是让大学按照自己的内在逻辑进行调整和演化。一个学者倘若总是迷恋于申报各种奖项，也就失去了对真正学术的关注与沉思，那么他还如

---

① 转引自［美］杜德斯达：《21 世纪的大学》，北京大学出版社 2005 年版，第 31 页。

② ［美］皮尔逊：《科学的规范》，华夏出版社 1999 年版，第 4 页。

何能成为一名真正的学者？在梅贻琦看来：“仰观宇宙之大，俯察品物之盛，而自审其一人之生应有之地位，非有闲暇不为也。纵探历史之悠久，文教之累积，横索人我关系之复杂，社会问题之繁变，而思对此悠久与累积者宜如何承袭节取而有所发明，对复杂繁变者如何应付而知所排解，非有闲暇不为也。”① 西北联大的经验也告诉我们，大学治理的制度内涵是顺应教育规律的“理”，而不是主观意识上的“管”。而“理”的前提是尊重学术逻辑，保障学术自由。② 可以说，推动“学术共同体”创新的力量不在大学的外部，而在大学的内部，在于鼓励学者涵养内功，潜心学术，甚至一生投入一项研究工作。这样，学术共同体内部的竞争，不同共同体之间的竞争，就犹如百舸争流、万岩竞秀，相互竞争，相互衬托，共同繁荣，共同发展。

学术研究是一个缓慢的过程、一个铺垫的过程、一个叠加的过程，进而达到难以企及的高度。尤其是基础研究，属于原始创新和智慧活动的重要领域，是一切发明与创造的源头。基础研究的重大发现和理论突破，往往孕育着新的知识革命，知识革命意味着知识体系和知识结构的大调整和大变革，必然引发技术和生产方面的新的发展。这样的成果一旦出现，接下来必然是林林总总接踵而至。这也就是我们一

---

① 梅贻琦：《中国的大学》，北京理工大学出版社 2012 年版，第 6 页。

② 参见陆克恭：《西北联大对当代大学治理的启示》，《光明日报》2016 年 1 月 11 日。

般所说的知识革命，它携带而来的必然是密集的知识迸发，如同道道山溪汇聚成河，奔泻成为气势恢宏的瀑布。比如人类历史上发生过的三次重大技术革命都强烈地依赖于科学理论、基础教育的突破。近代力学、热力学的发展，引发了以蒸汽机的广泛应用为标志的第一次技术革命的发生（18 世纪 60 年代）；电磁理论的突破，引发了以电力应用为标志的第二次技术革命（19 世纪 70 年代）；相对论、量子力学等基础理论研究的突破，引发了以原子能技术、电子技术和空间技术的广泛应用为标志的第三次技术革命。因此，邓小平同志在全国科学大会开幕式上的讲话中曾经指出：“大量的历史事实已经说明：理论研究一旦获得重大突破，迟早会给生产和技术带来极其巨大的进步。”

4.4 大学的“宁静”就是对社会的最大贡献

有的时候，变化就意味着风险；变化的速度越快，风险发生的可控性就越低。宁静是大学的生命气氛，也是社会发展的需要。如果大学喧闹起来，可能就会成为痛苦和失望的根源。大学的“宁静”就是对社会的最大贡献，大学以特有的宁静表达自己的社会关注。诚如萧伯纳所指出的那样：“大学代表着伟大的、永久的抽象而非权宜之计，代表着逐渐的消化吸收而非暴饮暴食，代表着完整的知识而非零散的知识，代表着匆忙的日常生活中被放到一边的东西，代表着我们应该而没有思考的目标，代表着我们不愿面对的现实和我们缺乏勇气去提出的问题。”①

大学与社会之间保有一定距离是有必要的，此一距离是维持观照反省的客观条件。大学有时显得“不合时宜”，正因为如此，大学才以不被时人认同的“不合时宜”，为社会留下了超越一切“时宜”的知识。美国的大学，就是在这样一种“宁静”的状态中，将理论知识和应用知识进行整合，把硅谷贡献给了美国乃至世界。百年前爱因斯坦的预言终于获得证实。科学界普遍认为，引力波的发现是物理学、天文学的一项重大突破，开启了人类探索宇宙的一扇大门，甚至可能揭开宇宙诞生的奥秘。多少年来，美国科学家始终没有放弃对外星人的寻找。对于一些所谓的“聪明人”来说，他们永远难以理解科学研究之价值，也难以窥见科学研究之苦楚，甚至认为这些科学家也许就是“呆子”，甚至是“疯子”。然而，这些科学家在寻找外星人的过程中，迄今为止竟然发现了宇宙中的两万多个星系。可以说，天外有天，有谁会知道宇宙的尽头究竟在哪里？对于一般人来讲，学者的行为是不可思议的，但正是他们孤注直往的探索精神，才持续性地为人类的存在和发展带来新的冀盼。比如美国科学家抽丝剥茧，将生命形态回归其本质——他们通过人

① 转引自［美］罗德斯：《创造未来：美国大学的作用》，清华大学出版社 2007 年版，第 139 页。

工合成创造出了一种最小基因组，向解开生命创造之谜迈出了一大步。据报道，美国迈阿密大学的演化生物学家布朗竟然通过长期观察海洋生物栉水母（被生物学界称为地球上最早出现的“生物”）是如何排泄的，颠覆了生物进化史上关于“一级一级爬梯子”的传统观点，推动了演化生物学的重大进步。①

大学是慢慢涵养起来的，不是倏忽之间创造出来的。大学宁静的背后是永不停歇的流动，蕴藏着更大的创造。比如剑桥大学的魅力就在于传统中有变动，在变动中又强劲地维系着传统。金耀基教授在谈及剑桥大学的时候，曾经有过这样一段评价：“剑桥大学的力量就在她的几个世纪的涓滴的‘累积’；剑桥人相信不通古，无以开今。她有变，但亦有守，她有她的固执与骄傲，但她也不是死守无变。”② 如果希望加深这层意思的理解的话，希望各位读者去四川的都江堰看一看。余秋雨先生通过拜水都江堰，问道青城山，油然产生了许多让我们感佩的人生感悟。

有人栽树，才会有更多的人享受“荫凉”。

---

① 参见张渺：《科学家为啥围观“拉粑粑”》，《中国青年报》2016 年 4 月 13 日“冰点探索”版。

② 金耀基：《剑桥语丝》，中华书局 2013 年版，第 102 页。

5. 大学的“智识教育”

应该扩充人的理性，使人琢磨和锻炼，使之以辨识事物演变的原理、原则为第一要务。要达到这种理性的扩展，就需要心智的陶冶，以养成心灵良好的习惯。

——［英］纽曼

5.1 教育：为未来做准备的事业

提到教育，这是历来为人们所关注的话题。历史上许多圣贤的恂恂教言，早已为我们揭示了教育的本质以及教育所要达成的目的——教育为立人之学，即我们每一个人的成长都仰赖教育的增进。

在人类社会的早期，学习与教育几乎是同一个概念。那时没有专门的教育，人们在生产生活实践中，一边行动，一边向前辈学习所需掌握的知识与技能。即使有了专门的教育机构以后，学习仍然是教育最重要的内容。从汉字结构上看，“教育”是由“教”与“育”两个字组合而成的。在中国传统文化中，“教”具有外在性，“育”具有内在性；“教”是手段，“育”为目的。“教”就是引发，就是唤醒，就是培养，即引发、唤醒和培养人的向学意识。《论语》中“学而时习之”的“学”，就有“觉”的意思。《说文》中则解释为：“学，觉悟也。”换言之，学习的过程就是“觉悟”的过程，觉悟就是自我认知的深化以及对社会认知的拓展。

在西语中，“教育”一词意为采用一定的手段，把某种潜藏于我们身上的潜在能力引发出来，从一种潜质转变为现实。在瑞士教育家裴斯泰洛齐看来，所谓教育，就是刺激、诱发、鼓舞、促进人类自身一种自发的潜质。他指出：“只有教育才能使人的所有潜在能力得到充分发展，使人摆脱只具有自然生命的自发状态和只能忍受腐败环境制约的消极状态，而成为具有自主性、独立性、智慧、实践能力和精神世界得到和谐发展的有高尚道德的人。”① 德国哲学家康德认为“人是教育的产物”，他强调“改善人性完全在于良好的教育”。② 法国思想家卢梭亦如是说：“只有培育，小树才能发芽；只有教育，孩子才能成长。”③ 美国教育家杜威通过芝加哥大学实验学校的八年探索，则概括出“教育即成长”的观点。在他看来，“教育对于智力和道德成长都是必要的”④。德国学者雅斯贝尔斯则提出了“教育即生成”的观点，他认为：“所谓教育，是人对人的主体之间灵肉交流活动，包括

---

① ［瑞］裴斯泰洛齐：《裴斯泰洛齐教育论著选》，人民教育出版社 1984 年版，中译本前言。

② ［德］康德：《论教育》，载《世界教育名著通览》，湖北教育出版社 1957 年版，第 13 页。

③ ［法］卢梭：《爱弥儿》，武汉大学出版社 2014 年版，第 2 页。

④ ［美］杜威：《明天的学校》，载《杜威全集》，华东师范大学出版社 2012 年版，第 200 页。

知识内容的传授、生命内涵的领悟、意志行为的规范，并通过文化传递功能，将文化遗产教给年轻一代，使他们自由成长，并启迪其自由天性。”① 甚至法国思想家爱尔维修认为，人们在能力、爱好以及性格方面的差异都是由教育上的差别引起的。②

1972 年，联合国教科文组织在题为《学会生存——教育世界的今天和明天》的报告中指出：“教育是为未来做准备的事业，它关系到个人的命运和人类的未来。”③2015 年，联合国教科文组织又发布了名为《反思教育：向“全球共同利益”的理念转变?》的报告。报告认为：教育要尊重人的生命和人类尊严，为所有人提供发挥自身潜能的机会。2016 年，中国教育改革发展的一个关键词，就是回归教育本质，即关注生命，为学生的终身发展奠基，并尽快完成从知识本位的教育向能力本位的教育转变，从同质化教育向个性化教育转变，从手工教育向现代智能教育转变，进一步适应后工业社会的挑战。可以说，这样一种转变的完成，将是中国教育史上影响深远的一场革命。

---

① ［德］雅斯贝尔斯：《什么是教育》，生活 · 读书 · 新知三联书店 1991 年版，第 3 页。

② 参见［英］沛西 · 能：《教育原理》，人民教育出版社 2005 年版，第 116 页。

③ 联合国教科文组织国际教育发展委员会编：《学会生存——教育世界的今天和明天》，教育科学出版社 2006 年版，序言。

5.2 教育为国家大政方针之首

社会越发展，教育越重要。没有教育，就谈不上我们个体的成长；没有教育，就谈不上一个国家的进步。为此，古希腊先哲柏拉图早就提出了教育为国家大政方针之首的观点。① 英国科学家赫胥黎则认为：“一个具有知识和诚实品质的民族是能够获得成功的，美好的东西虽然没有受到专门的邀请，但也将随之而来；与此同时，在整个世界上，也许没有比愚昧无知的人们所表现出来的状况更加悲哀和令人震惊了。”② 美国麻省理工学院前校长维斯特亦强调：“我坚信国家的教育实力是经济和社会繁荣的先决条件。教育能够推动国家进步，未来属于理解这一点的人们。”③

美国学者洛西科夫指出：通过教育，“我们可以将一代人的经验用语言和符号传递给下一代。我们可以实时地教会孩子打猎或钓鱼，也可以将这份经验压缩在故事、指导手册和图表中。比起每一代人都要通过亲身经历来积累经验，这种代际的信息传递无疑效率更高。每一代人都能站在前一代人的肩膀上”。他还援引了另一位学者的话说：“在人类生活

① 参见林玉体：《西方教育思想史》，九州出版社 2006 年版，第 54 页。

② ［英］赫胥黎：《科学与教育》，人民教育出版社 1990 年版，第 92 页。

③ ［美］维斯特：《一流大学　卓越校长》，北京大学出版社 2008 年版，第 9 页。

中，我们找到了一种并不存在于其他任何生命形式中的方法。也就是说，我们拥有了一种能力，可以搜集不同个体已知的经验。这种能力极大地增加了一个人可处理经验的规模，拓宽了对周围世界的认知，让我们变得更精细、更准确。”① 有统计显示，素有“书的民族”之美誉的犹太民族的人口，其数量还不到世界人口的 0.3%，但却获得了全部诺贝尔奖项的 17%，赚取了 30% 以上的世界财富。美国的犹太人在百万富翁中占了 1/3，在名牌大学教授中占了 1/3，在文学、戏剧、音乐人、作家中占了 69%。② 那么，影响以色列发展的重要因素究竟是什么呢？一个确切的回答，就是这个国家重视教育的优良传统。2015 年，以色列的教育支出已经达到国内生产总值的 6.5%，而经合组织国家的平均水平为 5.2%。③ 据说，包括微软、IBM、思科、西门子、英特尔在内的全球大多数重要科技企业，都在以色列设有自己的研究开发中心。德国人也是非常酷爱读书的，无论是在公园草坪上，地铁车厢里，还是机场候机厅，都能见到德国人读书的身影。读书是德国人代代相传的习惯。在孩子很小的时候，父母就会通过朗读故事等方法将孩子带进书的世界。

---

① ［美］洛西科夫：《当下的冲击》，中信出版社 2013 年版，第 135—136 页。

② 参见季明明：《向着学习大国目标砥砺奋进》，《中国教育报》2016 年 2 月 26 日“教育科学”版。

③ 参见［德］博肯海默：《以色列如何创造高科技奇迹》，《参考消息》2016 年 4 月 11 日。

他们认为，就个人而言，没有阅读能力，成功的学业和事业就无从谈起。从更大的意义来说，国民阅读将为国家发展注入强劲动力。可以说，德国在世界自然科学史上取得的成就是惊人的：除了物理学家爱因斯坦、数学王子高斯、原子弹之父奥本海默和量子物理学家普朗克，德国或德裔科学家及其发明创造数不胜数。比如扫描仪、柴油机、牙膏……特别是 1969 年戴特洛夫和格洛尔普发明了芯片，奠定了信息革命的基础。

联合国教科文组织认为：科学技术革命把人类社会带进了学习化社会，人们只有通过不断学习才能适应科学技术革命所带来的生产和社会的变革，因而提出了“终身学习”的概念。美国小布什总统时期，曾向全国提出了一个雄心勃勃的目标，即为年幼的儿童提供一种富于教育意义的环境，以便他们初进学校就能够获得积极的创造性的经验，并使他们作为学生的潜力得到充分的实现。① 我国学者吴军就我国大学人才培养存在的问题深刻地指出：“重压之下的中国学生，踏上大学之路就成了家长实现自己梦想的延伸，很多年轻人在拿到大学录取通知书的那一刻，自认为总算完成了家长交给他们的使命。在这样的想法下，他们所走的大学之路也是目标非常明确——冲着文凭而来。当他们拿到毕业证书的那

---

① 参见［美］博耶：《关于美国教育改革的演讲》，教育科学出版社 2003 年版，第 4 页。

一刻，又会觉得自己总算结束了不很情愿的考试生涯，接下来一辈子再也不想学习了。遗憾的是，人生是场马拉松，拿到毕业证书，不过是在马拉松赛跑中取得了一个还不错的站位而已，人生——这所真正的大学——路途才刚刚开始。看过马拉松比赛的人都知道，在起跑的那一瞬间道路是很拥挤的，但是当四分之一赛程过去之后，选手们彼此的距离就拉开了，在起跑时占得那一点便宜到这时就荡然无存了。很多中国的家长都在说不能让孩子输在起跑线上，想方设法让孩子在起跑线上尽可能地抢位置。但其实，成功的道路并不像想象得那么拥挤，在人生的大马拉松长路上，绝大部分人跑不到一半就主动退下来了。到后来，剩下的少数人不是嫌竞争对手太多，而是发愁怎样找一个同伴陪自己一同跑下去。因此，教育是一辈子的事情，笑到最后的是一辈子接受教育的人。”①

5.3 学校教育衍生久远

教育以家庭为基。家庭是我们人生的第一所学校，父母是我们人生的第一位教师。在中国，启蒙教育是从“幼承庭训”开始的。父母通过讲故事、做游戏和音乐启蒙等亲子活动，培养孩子的学习能力。父母给孩子讲故事，能够开发

① 吴军：《大学之路》（上），人民邮电出版社 2015 年版，前言。

孩子的语言能力和想象力，培养孩子的阅读兴趣和良好的行为习惯。“欲造伟大之国民，必自家庭教育始。”在以色列，从孩子很小的时候，母亲就开始向孩子讲述《圣经》和《塔木德》这两本书里的故事。孩子年龄稍长，母亲就会翻开《塔木德》，把蜂蜜滴在上面，让小孩去舔，这种仪式的含义不言而喻：书本是甜的，孩子从小就要知道，从读书中会获得汲取知识的愉快感。可以说，重视家庭教育的传统，为以色列提供了创新的“基因”。我国青少年教育专家尹建莉认为：“一个母亲除了诞生生命之外，她的初始教育更决定着那个小小的肉体的心灵的诞生。孩子性情的来龙去脉，都可以在母亲的言传身教中寻踪溯源——她就是他（她）人生纸页中的暗格。”①

当然，由于家庭教育偏重于情感、偏重于个体、偏重于宽松，加之许多家长不掌握科学的方法，家庭教育亦存在功能性的缺陷。比如家庭的封闭性和狭隘性，不利于我们融入更为广阔的社会生活；家庭教育的随意性和松散性，不利于我们形成连续的、系统的教育效果；家庭背景的差异性和多样性，以及在不同家庭之间所形成的差距性，不利于形成公共社会所需要的“公共理性”。换言之，家庭教育还不足以满足我们在有限的时间里获得无限意义的需要、在有限的

---

① 蒋肖斌：《尹建莉：家庭教育是孩子成长的全部基石》，《中国青年报》2016年6月6日“悦读”版。

空间里获得无限展扩的需要、在有限的发展中获得广泛社会支持的需要。因此，我们有必要在接受家庭教育的同时，获得更多的学校教育。

在我国，学校教育大约出现在夏朝晚期。《礼记》中就有这样的记载："天子命之教，然后为学。小学在公官南之左，大学在郊。"在西方，学校教育出现于古希腊时期。儿童从 7 岁开始学习文法和音乐，12 岁开始学习文法、修辞、哲学、体育项目，18 岁开始进行军事训练，然后才有资格成为国家公民。

伴随工业社会的发展，教育的重心更是不可逆转地从家庭转向学校。为了寻求建立一套共同的信仰和共同的行为模式，许多国家开始大力推进国家义务教育体系，越来越多的孩子获得了学校教育的机会。到了现代社会，我们更需要接受家庭教育中无法完成的学校教育，我们在学校的学习时间不断延长，学校所承担的功能性职责也愈益增强。学校已然成为处处弥漫教育气息的圣地和汲取知识的沃土。我国学者刘再复曾经把学校、寺庙、医院比喻为人间的三大净土，而学校则是第一净土。他说："对我来说，学校是乐土。在学校学习会有一种神圣感和幸福感。"①

学校教育是渐次展开的——由易到难、由简到繁、由近及远，由此形成了小学、中学、高中、大学这样一个拾级而

---

① 刘再复：《教育论语》，福建教育出版社 2012 年版，第 14 页。

上的阶梯式的教育路径。就是说，学校教育如同幕布一样渐次展开，我们一步一步走进去，最后达到学业渐进，素质渐优之目的。

一是以“养成为取向”的小学教育。我国教育家叶圣陶先生说：“什么是教育，简单一句话就是养成习惯。”那么，从学校教育的角度看，养成习惯是从哪一个阶段开启的呢？是小学教育。蒙以养正，早教固本。小学阶段的教育，主要是从感觉体验入手，引导我们学会观察、学会发现、学会联想。诚如卢梭所言，在儿童时期，我们的主要任务是学会感受周围的事物，熟悉自己与周围各种事物的关系。[①] 美国心理学家格雷森指出：“感官是我们用来感知世界的工具：它们是完美知觉和促进成长的工具。只要被用在美好的人世间——用在有益健康的劳作中——它们就会保持健康，就会产生快乐，就会自由滋养事物的生长；但它们一旦离开自己的自然属性，它们就会转而供养它们自己，它们会去寻求奢侈，它们会沉迷于自己的腐化，并最终耗尽自己，从这个它们已经不欣赏的世界毁灭、消亡。”[②] 具体来说，小学教育主要是通过身体锻炼、自然观察、音乐欣赏、手工操作、同伴游戏、故事宣讲等日常体验，在自然的状态下，自然而然地引发我们的各种兴趣、培养我们的各种爱好。在各种感觉体

① 参见［法］卢梭：《爱弥儿》，武汉大学出版社 2014 年版，第 80 页。

② 转引自林语堂：《美国的精神》，群言出版社 2011 年版，第 109 页。

验中，我们逐步了解了自然属性、了解了生命状态、了解了社会生活、了解了相关知识，进而养成了初步的生活态度并形成了初步的生活方式。

二是以“常识为取向”的中学教育。中学教育属于我们潜能开发的初期阶段，这个阶段主要是通过感受和想象进行学习，内容主要包括人类共有的因素。我们只有认真体认和记学人类社会所积累的各种各样的生活常识，才有可能适应现实社会的简单生活。共有的生活常识主要包括两个方面：一是必要的知识，比如生命的基本结构和机体的机能原理，物质的基本构成和运动规律，地球生态环境之间的相互关系，物种的起源和人类的诞生，各种不同种族和各种不同的文化，社会的结构和我们的行为限度；二是必要的素质，比如适应社会生活的基础知识、基本观念、基本态度、基本品质，也可以称为预备性的知识。事实表明，只有具备这些基本知识和基本技能，我们才能在现实社会中建设性地融入社会生活。因此，世界各国都尽力将接受初等教育作为每一个社会公民的义务。

三是以“高考为取向”的高中教育。高中是基础教育的最后阶段，也是学生身心发展的关键时期。这一阶段教育的重点，一方面是进一步增强生活本领，另一方面是为接受高等教育作准备，借此为日后科学和专业的学习奠定适宜的基础。

学校教育的发展受到了世界各国，尤其是发达国家的高度重视。据联合国教科文组织《2007年全球教育摘要》中的统计数据显示，美国用于公共教育的开支相当于阿拉伯地区、中东欧、中亚、拉美及加勒比海地区、南亚以及撒哈拉沙漠以南非洲地区的总和。联合国教科文组织21世纪教育委员会在一份名为《教育——财富蕴藏其中》的报告中就强调教育是人类迈向21世纪的一把钥匙，劝告大家“如果善用自己所拥有的财富，那就送自己的孩子上学吧!”

5.4 大学的“智识教育”

英国剑桥大学是拥有诺贝尔奖获得者最多的大学，他们的校训是：“此地乃启蒙之所，智识之源。”的确，大学教育是大学前教育的自然延伸，是教育阶梯的顶端。大学以前的教育主要是提供社会所需要的共有的基本要素，目的是培养我们达到一般程度的智力水平和道德水平。如果说大学是“知识社会”的话，那么，大学人才培养所侧重的是以“智识为取向”的教育，即大学教育主要以亲近智慧为目标，以促进思维为重点，强调的是以理性判断和理性思考为主要特征的智识能力的培养，用英国教育家纽曼的话讲，就是“在一切事务上很好地运用理性，去接近真理，并掌握真理”①。

英国科学家赫胥黎指出：“科学教育的最大特点，就是

① ［英］纽曼：《大学的理念》，贵州教育出版社2003年版，第124页。

使心智直接与事实联系，并且以最完善的归纳方法来训练心智；也就是说，从对自然界的直接观察而获知的一些个别事实中得出结论。由于科学教育具有这样的特点，其他任何教育是无法代替它的。”① 德国学者雅斯贝尔斯则强调，大学的任务在于“培养影响学生一生的科学思维方式”②，这也是大学教育的特殊性所在。他说：“大学教育的特色在于教育的科学性上，它强调培养学生基本的科学态度。这种科学态度表现在，为了客观地认识和分析事物，能够暂时撇开自我的价值评价，超越某一学派的一孔之见，以及自己目前意愿的局限进行工作。科学性具有实事求是、反复推敲、对相反的可能性不断斟酌和自我批判的特性。”③ 我国学者朱青生也指出，大学的意义“不仅是一个培养子弟的学校，不仅是训练后代技能的场所，不仅是施教者传授人伦准则和社会理想的组织，它更是一个科学的保证”④。所谓科学的保证，就是指人类的理性在大学这样一个系统中，根据理性本身的逻辑，自我生长，自我推展，自我检测，自我批判。而大学人才培养的主要任务，则是培养未来的学者和研究者。即便我们选

---

① ［英］赫胥黎：《科学与教育》，人民教育出版社 1990 年版，第 87 页。

② ［德］雅斯贝尔斯：《什么是教育》，生活 · 读书 · 新知三联书店 1991 年版，第 139 页。

③ ［德］雅斯贝尔斯：《什么是教育》，生活 · 读书 · 新知三联书店 1991 年版，第 112 页。

④ 朱青生：《十九札：一个北大教授给学生的信》，世界图书出版公司 2011 年版，第 3 页。

择了实用性的职业，从事非研究类的工作，但在我们的一生中，将永远保持一种科学的思维方式，这便是大学人才培养的意义之所在。诚如纽曼所说：“一个人一旦学习过如何思维、推理、比较、鉴别、分析，一个人一旦提高了品位，形成了独立的判断力，擦亮了心、眼，那么，他诚然不会即刻变成一名专业工作者，但是，他的心智状态却允许他从事任何一种学科或专业，或者从事任何别的他喜欢的或要求他具备特殊才能的专业，而且一旦他干起来会干得很轻松、优雅、灵活、成功，而这一切对于另一个人而言却一窍不通。”① 就是说，一个在心智方面训练有素的人就能够掌握另一门知识，而一个缺乏心智训练的人就连自己所从事的行业的知识也难以掌握。

何谓智识教育？在我国传统文化中，“智”是由“知”和“日”两个汉字组合而成的，其意为通过日复一日的学习，最终达成“知”的融会贯通。就是说，智识是在系统知识积累的基础上，通过理性判断和理性思考而形成的行动意向。这样一种能力，能够对复杂的情境作出科学分析和准确判断，犹如青蛙能够用舌头闪电般地捕捉到虫子一样。这种行动的意向性和行动结果的准确性，则依赖于系统知识的把握和科学思维的养成。常言道：“少知而迷，无知而乱。”少知之人，满足于一知半解；无知之人，更是不能辨

① ［英］纽曼：《大学的理念》，贵州教育出版社 2003 年版，第 153 页。

识真知。柳宗元在《封建论》中有这样一段话："其智而明者，所伏必众，告之以直而不改，必痛之而后畏。"这里的"智而明"，意思就是既有智慧，又能明事理、断曲直。对于这样的人，服从他的人就一定会很多；他将正确的道理告诉人，而那些不听从道理的人，一定会在吃了苦头之后而感到惧怕。捷克斯洛伐克教育家夸美纽斯认为：作为一个人，一般需要具备三种基本能力，即智力、意志和记忆。智力主要是指判断能力和分析能力；意志主要是指选择能力，选择做有益的事情；记忆主要是指将用过智力和意志的一切事物保存起来，以备需要使用。教育就是为我们供给能够照耀智力、指导意志的材料，使智力能够变得敏锐和伶俐，使意志的选择不致有错误。① 英国思想家边沁亦认为心智就是理解力，他说："心智教育可以分为智育和德育，即理解力的培养和情感的培养。"② 在纽曼看来，人类心智的培养，在于使其领会和思考真理。"教会人实事求是地对待事物，直截了当地切中要害，干净利落地清理纷繁的思绪，明辨诡辩的成分，扬弃无关紧要的东西。"③ 在美国学者帕利坎看来，心智就是建立一个秩序和系统的好习惯。他说："把每一次取得的知识和我们自己已经知道的事物联系起来的习惯，使其一

① 参见［捷］夸美纽斯：《大教学论》，人民教育出版社 1957 年版，第 52 页。

② ［英］边沁：《道德与立法原理导论》，商务印书馆 2005 年版，第 114 页。

③ ［英］纽曼：《大学的理念》，贵州教育出版社 2003 年版，第 161 页。

适应其二的习惯；而且，这一习惯还意味着，把某些原则当作思想的核心来真正地接受和使用，而我们的知识正是围绕着这个核心成长和定位的。”① 用德国教育家第斯多惠的观点来说，培养智力的最重要的条件有如下几点：“酷爱真理，对真理进行严肃而认真的检验，对所研究的课题要进行彻底而全面的研究。”② 这也是美国学者赫琴斯所强调的形成直观知识的演绎的习惯、科学知识的演示的习惯和哲学智慧的智性的习惯。③

一般来说，狭隘的心智就是缺乏知识的心智，而扩展了的心智，就是拥有了大量知识的心智。因此，纽曼才如是说：“知识是心智扩展不可或缺的条件，是达到心智扩展的手段。”④ 知识使人明智，智识是智慧的源泉。“大学通过研究和教学来追求知识乃是走向智慧的康庄大道。”⑤ 澳大利亚历史最悠久的悉尼大学的校训如是说：“繁星纵变，智慧永恒。”这句校训所揭示的也是同样的道理。知而生智，睿变由我。纽曼更是详尽地阐述过大学智识教育的意义所在，他

① ［美］帕利坎：《大学理念重审》，北京大学出版社 2008 年版，第 162 页。

② ［德］第斯多惠：《德国教师培养指南》，人民教育出版社 2001 年版，第 40 页。

③ 参见黄坤锦：《美国大学的通识教育》，北京大学出版社 2006 年版，第 36 页。

④ ［英］纽曼：《大学的理念》，贵州教育出版社 2003 年版，第 127 页。

⑤ ［美］帕利坎：《大学理念重审》，北京大学出版社 2008 年版，第 41 页。

说："大学教育是一个通向伟大而平凡之目的的伟大而平凡之手段。它的目标是提高社会的心智水平，培养公民的心智，提高国民的品位，为大众热情提供真正的原则，并为大众愿望制定明确的目标，宣传和把握时代的理念，促进政治权力的运用，使个人生活变得更高雅。这种教育使人能够有意识地看清自己的观点和判断，给人以发展自己的观点和判断的能力、强调自己观点和判断的力量。这种教育教会人实事求是地对待事物，直截了当地切中要害，干净利落地理清纷繁的思绪，明辨诡辩的成分，扬弃无关的东西。这种教育为人能够颇有信心地走上任何岗位做好准备，并使他能够熟练地掌握任何学科。这种教育教会人如何向别人提供服务，如何进入别人的思想状态，如何向别人展现自己的思想状态，如何理解他人，如何与他人共进共退。他在任何社会都能够驾轻就熟，他与每个阶层都有共同点；他知道什么时候该说话、什么时候该沉默；他既能交谈，又能倾听；他问必切题，也能在无以传授的时候恰当地吸取教训；他时刻做好了准备，但却绝不会成为绊脚石；他是个愉快的伴侣、一个可以信赖的人；他有张有弛，他肯定具有风度翩翩地开玩笑的技巧，也绝对具有严肃认真、办事有效的能力。他的思想能够保持平静，因为他的思想尽管在处理世事，却能保持自我，而在无用武之地时亦能保持愉快。他具有一种禀赋，这种禀赋为他在公开场合提供服务，在他隐退之时又能支撑他。没有这种禀赋，万贯家财不过是庸俗的东西；有了这种禀赋，失败与失望反倒具有了魅力。”① 曾经担任南开大学校长的张伯苓亦认为：“大学教育的目的在于研究学问和练习做事。做事就是应用学理，将习得的公律、原则、经验应用于事实上去。”②

总之，大学教育的目的就在于通过理性的精神，运用科学的方法，引领我们完成从零散知识到系统知识，从经验事实到理论事实的跃升，通过这样一种学习和训练，丰富我们智识的容量，扩展我们智识的力量，提高我们智识的能力，进而达到如我国学者朱青生所说的——做一个高水平的人，做一个强有力的人。

5.5 如何实现“智识教育”

从大学的角度来说，大学在传授系统知识的同时，不仅要讲授系统知识的基础，系统知识的内容，而且还要解释系统知识的来源、系统知识的性质和系统知识建构的状况，借此培养我们一种理论思维能力。换言之，通过这样的传授，我们不仅要知道“是什么”，而且要了解“为什么”，如此之后，才能进一步感悟“怎么办”。“是什么”，就

① ［英］纽曼：《大学的理念》，贵州教育出版社 2003 年版，第 161—162 页。

② 梁吉生主编：《张伯苓的大学理念》，北京大学出版社 2006 年版，第 20 页。

是求“是”——对客观事物本源的理解；“为什么”，就是求“因”——对客观事物始源的理解（对客观事物始源的学理分析）；“怎么办”，就是求“果”——关于解决问题的基本思路的思考。我国学者易中天指出：“对于人类来说，有三个问题是普遍而永恒的：是什么、为什么、怎么办。自然科学、社会科学和人文学科，其实都是在各自的领域试图回答它们，只不过并非所有人都能够回答，或愿意回答。”①

一般情况下，知道“是”，并不必然转变为“因”；知道“因”，并不必然转变为“果”，这需要经过大学期间的系统学习和思维训练。大学教育的主要任务是“是什么”和“为什么”，重点则在“为什么”，即通过对客观事物的学理分析方法的掌握，实现智识开发，最终将系统知识的学习转变为一种智识能力——分析能力和判断能力。如果具备了这样的能力，也就为“果”的获得奠定了重要基础。就是说，在明确“是什么”和理解“为什么”的基础上，加之在实践中所获得的感受和感悟，也就比较容易结“果”了。复旦大学林尚立教授亦强调培养学生的学术逻辑和问题意识。在他看来，教学是神圣的：“我们带给学生的不是 45 分钟的话语，而是让学生享获得终生受用的智慧。”② 我国著名

① 易中天：《易中天中华史 · 奠基者》，浙江文艺出版社 2013 年版，后记。

② 杨谧：《林尚立：以中国情怀研究中国政治》，《光明日报》2016 年 1 月 14 日。

系统工程与管理工程专家、中国工程院院士王众托在回忆大学学习生活时这样说：“大学阶段对青年人至关重要，我正是在大学的关键时期，从老师那里逐步学到了掌握知识和解决问题的方法。当年教我们水利学的老师不只教计算明渠、暗渠的经验公式，还从流体力学的观点来讲课。他以轴在轴承中的运动分析为例，运用基本理论条分缕析，最后的结果令我觉得很惊奇：轴和轴承不是直接摩擦的，它们之间是由一层薄薄的油膜将轴托起来，而且轴和轴承不同心，这简直令我不敢相信。老师这时不但是在传授知识，更重要的是在演示对问题的分析方法，注重介绍如何将抽象理论应用于实践，来揭示客观世界的科学奥秘。时至今日，回忆起来仍对老师充满敬意。”因此，他认为大学教学应分为三个层次：一是知识传授，二是方法传授，三是激发想象力。①

德国学者雅斯贝尔斯认为：“年轻一代正因为年轻气盛，所以从天性来说，他们对真理的敏感程度往往比成熟以后更为灵敏。”②大学人才培养的目标，就是促成学生顺利完成这样一种转换。为此，大学教育必须立足自己的重点，不能功利式的趋变，更不需要刮风式的运动。比如为了强调创业教

---

① 参见王众托：《埋头创新不刻意追求成果大小》，《中国教育报》2016年5月9日“高等教育”版。

② ［德］雅斯贝尔斯：《什么是教育》，生活·读书·新知三联书店1991年版，第140页。

育，有的学校就一刀切式地规定“创业抵50学分”[①]，或者一强调实践，就把学生送到宾馆去做服务员，这种做法，实在令人啼笑皆非。倘若我们冲着文凭而考大学，冲着就业而选专业，就无异于舍本逐末，背离了大学本身的意义。大学培养的重点是创新型人才，而不仅仅是眼前的就业型人才。看看美国南北战争结束后，美国大发展时代的那一批商业精英们，是在一茬茬不断轮替中推动着国家工业化的发展：洛克菲勒用石油运输管道这个创新，打败了范德比尔特那一代铁路大王；摩根用巨大的资本力量推动电力时代替代洛克菲勒的煤油时代；福特则用新的生产方式把美国的工业化带到了新时代。他们各自代表着一个阶段，其轮替过程就是一个不断创新创造的过程。如果用一个标准，那就只能培养一个时代的人才，怎么可能为经济社会发展提供永续的动力？[②]

任何改革都不能让教育跑偏，任何应时调整都不能脱离大学教育的重点，大学教育的主次不能颠倒。再比如专业调整。为了强调适应社会发展，便随意设立新专业或调整专业。事实上，专业是不应随意变化的，专业调整必须经历相当长时间的沉淀和严密的专业论证方可进行。如果确实是社会所需，应该调整的也是专业方向，而不是盲目设立新专

---

① 李剑平：《高校创新创业教育不能走偏》，《中国青年报》2015年12月9日“教育科学”版。

② 参见钟焦平：《切莫轻言大学要多培养“马云”》，《中国教育报》2016年4月14日头版。

业。专业方向经过一定的时间沉淀，有了相当的学理基础积累，方可转换为新的专业。

从学生的角度来看，我们的大学时代正处于心理认知发展的关键时期。这一时期，发展的重点是养成学习系统知识的能力，即对所掌握的系统知识进行综合分析的能力。因此，当我们进入大学后，历史就赋予了我们一种责任，以充实学问为主职，以一种笃诚的精神追求系统知识。正如香港中文大学金耀基所指出的那样，青年人“若要真正有贡献，则必须有待知性的磨炼、理性的沉潜，然后才是有能力的行动”①。“我们在研究的环境下接受教育，会激发出我们自己的强烈的好奇心，会形成全面看问题的思维方法。这些将伴随我们的终生，无论我们选择在哪一个领域继续发展，我们都会从中受益。”②

我们每一个人在不同的年龄阶段都有不可替代的学习任务，过早难以适应，过晚难以弥补。大学时代，掌握系统知识是我们的天职。我们不可对大学时代的认知产生偏差，不可为社会涌动着的反智情绪所影响，不可为“读书无用”的错误论调所迷惑，更不能对自己的成长产生失望、对学习的目的产生迷惘、对大学的生活产生惶惑、对学习的任务产

---

① 金耀基：《大学之理念》，生活·读书·新知三联书店 2008 年版，第 129 页。

② 金耀基：《大学之理念》，生活·读书·新知三联书店 2008 年版，第 126 页。

生困顿。如果我们过分地将学习目的功利化，过于追求所谓的就业机会，失去了追求理论的兴趣，缺乏了内在的学习激情，则无异于虚掷时光，做了买椟还珠的事情。

学习是心灵的导向。我国学者李培根院士指出："教育宗旨——器耶？人耶？孔子讲，'君子不器'。其实，'君子不器'可以从两方面讲，一个是不器己，一个是不器人。不要把自己当成一个工具，特别是教育者，既不要把自己看成是教书的工具，也不能把学生培养成工具。"① 美国学者帕利坎认为，智慧根植于博学之中。② 中国也有类似的说法，即"好学近乎知"。这里的"知"，可以理解为"智"。1990 年，美国学者圣吉在《第五项修炼》中指出："应变的根本之道在于学习。"2015 年，李嘉诚基金会出巨资推动成立了广东以色列理工学院。87 岁的亚洲富商李嘉诚在奠基仪式上说："创新力是无法模压的"，而创新力的产生则"靠学习，不断地学习"③。我们务必将心力用于海量读书上，以一种爱之、好之、乐之、执之的态度投身于学习生活，努力做到博学、审问、慎思、明辨、笃行。日积月累，久久为功。爱因斯坦在大学期间曾经这样描述自己的大学学习生活："唯一使我坚持下来、唯一使我免于绝望的，就是我自始至终在自己力

---

① 李培根：《大学教育最高境界是心灵的抵达》，《新华文摘》2015 年第 10 期。

② 参见［美］帕利坎：《大学理念重审》，北京大学出版社 2008 年版，第 41 页。

③ 朱永新：《"学力"就是创造力》，《新华文摘》2016 年第 5 期。

所能及的范围内竭尽全力，从来也没有荒废任何时间，日复一日，年复一年，除了读书之乐外，我从不允许自己把一分一秒浪费在娱乐消遣上。”①

学习的最高境界是“感悟”。古人云：“学必悟，悟而生慧。”学习的优劣不在于分数的高低，而在于悟性之有无。那么，如何培养我们自己的“悟性”能力呢？“悟性”的前提是思考，故孔子曰“学而不思则罔”。当然，如德国哲学家康德所说，学生应该学的“是思考的活动而不是思考的结果”②。记得鲁迅在《读书杂谈》的演讲中讲过这样一个故事：一位老人和一个孩子用驴驮着货物去卖，卖完回来，孩子骑在驴背上，老人跟着走。路上的行人见了，就责备孩子不懂事，怎么可以让老人步行呢？于是孩子和老人换了一下，又有人看见了，说这位老人竟然忍心让孩子走路。老人急忙把孩子抱上来，一起骑着驴走，看见的人说他们对驴很残酷。他们只好都下来，走了不久，又有人嘲笑他们，说他们太傻，空着现成的驴却不骑。老人对孩子叹息说，我们只剩下一个办法了，就是两个人抬着驴走。这个故事告诉我们，学会自己思考的重要性。英国思想家洛克在他身后出版的《关于理解的指导》一书中有过这样的阐述：教育的事务，如我已经注意到的，并不是使年轻人在任何一门科学上

① 李醒民：《爱因斯坦》，商务印书馆 2005 年版，第 17 页。

② 转引自［德］雅斯贝尔斯：《什么是教育》，生活 · 读书 · 新知三联书店 1991 年版，第 150 页。

达到完善的程度，而是开放和安置他们的心，使他们在需要专心于某种科学的时候，能够很好地学习它……我提出的不是种种知识与知识的宝藏，而是种种思维与思维的自由，是增进心的活动与能力而不是扩大心的所有物。① 可以说，思考是一种微妙的精神状态，是一种自我状态下的自我思想。智识的发展主要来自思考。通过思考建立联系，通过思考进行梳理；在思考中培养想象力，在思考中提高创造力。

那么，我们应该如何培养自己的思考力呢？一是学会“原点”思考。就是说，当我们被许多枝节问题纠缠得无法自拔的时候，回归“原点”——基本原则、基本法则和基本规律。“原点”思考是解决问题的最佳办法。二是克服自我中心意识。思考不是一件简单的事情。德国教育家第斯多惠指出：“思想懒惰的人往往靠别人为他自己去思考和研究问题，而一个思想活跃的人却终身都在孜孜不倦地独立思考，独立研究问题。他们必须彻底摆脱偏见，必须从原始美中探索真理的纯洁与光辉，这是符合人类尊严的使命的。”② 自诩每天都行走于天马行空的思考中的我们，实际上可能只是在自我设定的思维框架中徘徊，并非真正意义上的思考。真正的思考是打破自我中心的意识。诚如我国学者王琪所指出的

---

① 参见冷玉斌：《和洛克一起漫步教育》，《中国教育报》2016 年 4 月 14 日“教育科学”版。

② ［德］第斯多惠：《德国教师培养指南》，人民教育出版社 2001 年版，第 37—38 页。

那样：“当‘我们’不再是思考的中心，思考问题的方式和内容也会随之改变。保持生命的自觉与警醒才能真正学会思考。是一种专注、自觉、自律和不懈努力。”①

---

① 王琪：《思考，最简单却又最困难》，《中国教育报》2016 年 2 月 3 日“读书”版。

北京大学

6. 一代“新民”的理性生活体验

诸君到大学来，万勿存心只要懂得了一点专门技术，以为日后谋生的地步就算满足……大学教育的目标，绝不仅是造就多少专家如工程师、医生之类，而尤在乎养成公忠坚毅，能担当大任、主持风会、转移国运的领导人才。

——竺可桢

大学的特质决定了大学教育的重点在智识教育，大学的使命又决定了大学在智识教育的同时，还要引领我们将自己的人生价值与社会发展进步相契合，学会合乎理性地思考和合乎理性地行动，运用自己所学助益他人、服务国家、奉献社会。为此，围绕智识教育，大学还延展出“五位一体”的理性生活体验模式。

6.1 重在培养一代“新民”

朱子在《大学或问》中认为：“大学”在于“开发聪明，进德修业，而致夫明德新民之功。”我国近代学者梁启超认为，旧中国在家庭伦理方面发展了高度的个人道德观，但在公共道德和公民操行方面，即在社会伦理方面是欠缺的。因此，他大力倡导新民运动，塑造近代社会的理想人格形象。在《新民说》一书中他指出：“新民之义有二：一曰淬后其所本有而新之，二曰采补其所本无而新之。”① 梅贻琦先生则对“新民”一词给出了新的解释——大学有教育新民之功效。他说：“大学新民之效，厥有二端。一为大学生新民工作之准备；二为大学校对社会秩序与民族文化所能建树之风气。”② 德国学者雅斯贝尔斯亦认为大学的重要任务是教育“新人”的成长。他指出：“大学有四项任务：第一是研究、教学和专业知识课程，第二是教育与培养，第三是生命的精神交往，第四是学术。”而且就科学的意义而言，“大学的四项任务是一个整体。它构成了大学的理想：大学是研究和传授科学的殿堂，是教育新人成长的世界，是个体之间富有生命的交往，是学术勃发的世界。每一任务借助参与其他任务，而变得更有意义和更加清晰。按大学的理想，这四项任务缺一不可，否则大学的质量就会降低。……每一项任务都是大学理想的生命整体的一部分”③。

所谓“新民”，在现代语境下，就是具有新观念、新思想、新境界，以更加理性的精神、更加宽阔的视野、更加开放的胸襟、更加积极的心态、更加灵动的思维、更加深厚的底蕴，站在时代发展潮头，引领或助推时代发展的人。用英国思想家洛克的话说，教师的工作就是在学生身上“培养风度，培养心智；养成良好的习惯，坚守德行与智

---

① 梁启超：《新民说》，辽宁人民出版社 1994 年版，第 7 页。

② 梅贻琦：《中国的大学》，北京理工大学出版社 2012 年版，第 7 页。

③ ［德］雅斯贝尔斯：《什么是教育》，生活 · 读书 · 新知三联书店 1991 年版，第 149、150 页。

慧的原则；一点一滴地传授关于人类的观念；使学生喜爱并模仿良好的值得夸奖的行为”①。用美国学者马丁的话说，所谓高等普通教育，就是要让“心智脱离一切盲从与普通之舆论，养成判断及认识价值之习惯，图谋当代人类之幸福，以理智调节感情，化除成见而求彻底自知，集合有才干之人群以求文化之进步”②。我国科学家竺可桢当年也如是说：“诸君到大学来，万勿存心只要懂得了一点专门技术，以为日后谋生的地步就算满足”，“大学教育的目标，绝不仅是造就多少专家如工程师、医生之类，而尤在乎养成公忠坚毅，能担当大任、主持风会、转移国运的领导人才”。哈佛大学在学生录取方面，尤其要看申请者超越个人成就，拓展更广泛社会生活空间的活动能力。《大学之路》的作者吴军指出：“接受哈佛大学教育的结果和一般为了功利而上大学的人的想象完全不同。”他介绍说：“一位哈佛家长在参加完孩子的毕业典礼后对我讲，哈佛毕业生去的地方真是五花八门，而且大部分都不是什么挣大钱的地方。很多人会到非常落后的地方去帮助穷人，或者参军，或者去考古研究历史，或者通过其他方式服务于社会。”③美国小布什总统曾经回忆说：在哈佛大学求学是他人生的“转折点”，是哈佛大学为他提供

---

① 冷玉斌：《和洛克一起漫步教育》，《中国教育报》2016年4月14日“教育科学”版。

② 马丁：《现代教育及其将来》，载［美］俾耳德编著：《人类的前程》，外语教学与研究出版社2014年版，第303页。

③ 吴军：《大学之路》（上），人民邮电出版社2015年版，第14页。

了成长的“工具和信心”。[①] 俄罗斯总理梅德韦杰夫在追忆大学时代的生活情景时亦感慨：“中学和大学的学业之间有道明显的分水岭，我很明白，如果我不开始学得出色，我的人生就可能一事无成。”

为了达到培养一代“新民”之目的，围绕智识教育，大学延展出“五位一体”的理性生活体验模式——塑造昂然向上的精神气质、展拓多元宏阔的知识视域、养成清明淡定的人生态度、培养公共社会的理性道德、习得立足未来的专业知识。就是说，在进行系统知识学习的同时，我们还要以理性精神为引领，升华思想境界、展阔知识视域、端正人生态度、养成理性道德，最终将理性精神转化为一种崭新的行为方式和生活方式，让自己成为人之彦圣，所作所为，可法世人。

大学为什么更强调理性生活体验呢？德国哲学家康德认为：“启蒙运动除了自由之外并不需要任何别的东西，而且还确乎是一切可以称之为自由的东西之中最无害的东西，那就是一切事情上都独有公开运用自己理性的自由。”我国学者李培根院士也指出：“人的意义的展开需要理性之光的照耀。”[②] 可以说，大学“五位一体”的理性生活体验模式，环环相扣，无缝链接：缺乏崇高的理想境界，就会失去发展方向和

① 参见［美］艾克敏：《布什总统的信仰历程》，商务印书馆 2006 年版，第 70 页。

② 李培根：《教育现代化需要“人的意义的展开”》，《中国青年报》2016 年 3 月 25 日“青年话题”版。

成长动力；缺乏宏阔的知识视域，就会陷入自我设限和自我狭隘；缺乏公共的理性道德，自我发展就难以获得来自社会力量的支持；缺乏清明的人生态度，就容易为社会的各种功利思想所迷失；没有一门精深的系统知识，思想境界就会凌空虚蹈，大而无当，最终只能落得“心在天山，身老沧州”的悲怆。如果只是泛泛知道一些概念和要求，而不注重构建与之相适应的知识体系，知其然不知其所以然，讲话做事就会缺乏专业水准。在现实社会中，是系统知识为我们在理想与现实之间搭建起了一座桥梁。大学“五位一体”的理性生活体验，为我们走向未来搭建了更坚实、更广阔的舞台；“五位一体”的理性生活体验，如同肥沃的土壤、充足的阳光、恰当的养分，滋养着我们茁壮成长。

总而言之，在充满以求知为乐的大学理性生活中，我们探寻自我、研索追根、事功学问，在系统知识上达到“致格物”，在思想境界上达到“致高度”，在理性道德上达到“致良知”，最终完成自己人生履历的实际转换。待到大学毕业时，我们就可以充满信心地背起行囊，高飞远举。

6.2 昂然向上的精神气质

我们如果希望在复杂的社会中寻找一颗引航的星，避免走向迷失和误判，这就是理想信念；我们如果希望在旋转的世界里寻找到一个恒定的点，避免走向仓皇和忐忑，这就是思想境界。具体来说，理想信念是一种外在的渴望，是对未来的合理构想和期望。我国学者陈浩指出：“学人怀大志则达，天下兼贵和则福。理想是人生航程的灯塔，是不辞辛劳拼搏前行的力量源泉。”① 记得孙中山在 1923 年时也曾鼓励岭南大学青年学生要“立志做大事”。孙中山所说的“大事”，就是利国利民的“大事”。

大学教育内含培育理想信念的使命。德国学者雅斯贝尔斯指出：如果没有信仰，旁门左道就会占上风。各种稀奇古怪的东西就会涌现，人们就会表现出幻想主义、盲目崇拜，以及机会主义和欺骗行为。香港中文大学金耀基也指出：“就在这种不经心的，习以为常的教师与学生，学生与学生的接触中，假如年轻人能够对伟大的重要的价值有所体悟，有所执着，那么学生的优异的品性就在不知不觉间发展出来了。这也是培养对伟大的事物有自自然然的洞察力。也就是说，惟能见乎大，立乎大，然后才能有格调，也才能不会沉耽于追逐短暂与微细的事物。”②

思想境界是为了追求理想信念而自我设定的高度，是一种内在的自觉。思想境界决定了我们所要达到的高度，决定了我们能作出的选择，而这种选择又构建了我们未来行动

① 陈浩：《大学之大与大学之道》，《光明日报》2015 年 8 月 6 日“光明讲坛”版。

② 金耀基：《大学之理念》，生活 · 读书 · 新知三联书店 2008 年版，第 19 页。

的行为模式。大学教育的最后分水岭就是境界的问题。一般来说，我们的思想境界越高，就越会更加努力地构造改变世界的自我意识。教育的境界决定教育的高度。大学培养的一代“新民”，既要有发达的智识，同时还要有“四面湖山归眼底，万家忧乐到心头”的大境界、大格局、大胸怀，有立志改变世界的宏大理想，能够在社会公共领域运用公共理性，阐扬社会公理、主持社会正义，这便是“大道之行，天下为公。”2014 年，美国斯坦福大学让每一个申请者回到一个特定的历史事件中表述自己的看法，这实际上就是间接考察申请者的社会良知和社会责任。①

大学的价值不仅仅在于它所能提供的系统知识，还有在学有所成后能够以崭新的思想境界观察和审视我们所属于的这个世界。诚如法国思想家卢梭所指出的那样：“我们在做事情的时候，只有抛开个人利益，才能成为一个热爱真理并且勇于探索真理的人。”② 美国教育家博耶亦指出，大学时代“正是学生寻求认同感和生活意义的重要时期。当追求名利的风气弥漫校园的时候，我们更应该超越自己的私利，了解周围的世界，树立公民的和社会的责任感，为社会公益作出自己的贡献”③。美国哈佛大学就要求学生必须树立为社会

① 参见吴军：《大学之路》（上），人民邮电出版社 2015 年版，第 16 页。

② ［法］卢梭：《爱弥儿》，武汉大学出版社 2014 年版，第 146 页。

③ ［美］博耶：《关于美国教育改革的演讲》，教育科学出版社 2003 年版，第 58 页。

服务的思想，而为社会服务的过程本身就是学习将来如何领导社会的过程。可以说，提升我们的思想境界，塑造我们昂然向上的精神气质，构成了大学教育中一个元气淋漓的要素。

如果问大学是什么样的地方，我认为大学是有理想信念的地方，是洋溢青春活力的地方，是能够让我们感觉到思想境界升腾的地方。哈佛大学第 28 任校长福斯特在其就职典礼上说：“一所大学的精神所在，是它要特别对历史和未来负责——而不完全或主要对现在负责。说到底，大学的境界就是面向未来，一所大学唯有培养仰望天空的人，而不是紧盯眼前蝇头小利的人，那才是国家未来的希望。”美国耶鲁大学前校长雷文指出：“大学的责任是教育、引导、塑造更广阔世界的价值观，使其能够激励学生的潜能全面开发。”武汉大学前校长刘道玉也认为：“教育的境界就是超越现实、超越时空、超越功利的境界。”① 我国学者杨玉良院士在2010年复旦大学毕业典礼上的讲话也强调，一所优秀的大学必然具备强烈的责任感，“没有社会责任感的大学是可怕的，它会在社会各种各样的诱惑中迷失方向，流于平庸，自甘堕落。同样，人若是缺乏责任感，他的眼光必然会短视和功利”。对于我们来说，大学积极向上的精神氛围，会潜移默

---

① 刘道玉：《教育的境界决定教育的高度》，《光明日报》2015 年 4 月 7 日“教育时空”版。

化地注入我们的心灵世界，融入我们的血脉之中，筑成我们的精神内核，形成我们以思想境界为向导的持续性的学习动力。这里，我们不妨再重温一下英国科学家赫胥黎在1874年就任英国阿伯丁大学校长的演说中说过的一句话："在这样的一所大学里，榜样的力量将鼓舞学生树立崇高的志向，沿着开辟知识新领域的探索者的足迹前进。他们所呼吸的空气将充满着对真理的热爱和对诚实的激情，这是比学问更珍贵的财产，比获得知识的能力更高尚的素质。"

北京大学林毅夫教授在2008年北京大学毕业典礼上的讲话中这样说过："只要民族没有复兴，我们的责任就没有完成，只要天下还有贫穷的人，就是我们自己在贫困中，只要天下还有苦难的人，就是我们自己在苦难中，这是我们北大人的胸怀，也是我们北大人的庄严承诺。"在一般人看来，林毅夫教授所讲的或许距离我们很遥远，甚至有点不符"实际"，但这却是一种非凡的理想主义情怀，大学就是要将这样一种崇高的社会理念和历史责任传递给我们。2016年，哈佛大学生物系博士毕业生何江作为优秀研究生代表发表演讲。何江是哈佛大学历史上第一位享此殊荣的中国大陆学生。他说："哈佛的教育教会我们敢于拥有自己的梦想，勇于立志改变世界。在毕业典礼这样一个特别的日子，我们在座的毕业生都会畅想我们未来的伟大征程和冒险。对我而言，我在此刻不可避免还会想到我的家乡。成长的经历提醒我，作为一名科学家，积极地将我们所会的知识传递给那些急需这些知识的人是多么重要。因为利用那些我们已经拥有的科技知识，我们能够轻而易举地帮助我的家乡，还有千千万万类似的村庄，让他们生活的世界变成一个我们现代社会看起来习以为常的地方，而这样一件事，是我们每一个毕业生都能够做的，也都能够做到的。”何江的毕业演讲，不仅代表了我国留学生的精神品质，也表达了捍卫人类价值的精神追求。我们不仅应该赞赏他的卓越专业成就，更应该为他身上的责任感点赞。

在大学里，我们日夕受到这种思想境界的鼓励，于是优异的品性就在不知不觉间生长发芽。我们在评价一所大学时，除了可以量化的指标，还要看这所大学的精神状态。这种精神状态将潜移默化地融入我们的血脉中，内化为我们“以天下为己任”的精神品质，转换成为以使命感为导向的持续性学习的动力。正是由于具有如此功能，大学吸引了一批又一批既有为，又有理想的青年学子。说有为，是因为经过了高中教育之后，有了进一步接受系统知识的能力；说理想，是因为不满足于现状，要通过努力改变自己，并通过改变自己去改变社会。正是有了这样一大批青年学子的聚集，大学才成为社会发展中最具有活力的地方。

大学为什么要提升我们的思想境界？北京大学朱志良教授认为，人生是需要有境界的，没有境界的人生，站不高，看不远。记得马克思 17 岁时在《青年在选择职业时的考虑》中就这样写道：“如果我们选择了最能为人类福利而劳动的职业，那么，我们就不会被任何重负所压倒，因为这是为全人类所做的牺牲；那时，我们感到的将不是一点点自私而可怜的欢乐，我们的幸福将属于千百万人。我们的事业并不显赫一时，但将永远存在，而面对我们的骨灰，高尚的人们将洒下热泪。”表面上看起来，境界对我们没有什么用处，不会给我们带来直接效用，但实际上对我们的人生影响很大。我们的胸襟是怎么形成的，我们怎么看待这个世界，有时候就能决定我们的想象力和创造力。以一种雄心大愿，建立起卓越的境界和自我期许，进而获得向上向前的毅力和勇气。美国哈佛大学原校长福特斯在一次毕业典礼演说中说过这样一段话：“就算你们觉得它们不可能实现，也要记住，它们至关重要，是你们人生的北极星，会指引你们到达对自己和世界都有意义的彼岸。”

如果有了对信仰的坚守和对理想的追求，人就会放弃眼前利益，追求长远利益；不计个人利益，追求公共利益。这也就是康德所说的“非功利性”。根据《中国青年报》2010 年 10 月 28 日青年调查版报道，有 71% 左右的受访者认为当下的大学生学习功利性太强。大学生学习态度的功利化，会导致大学生人生态度的功利化。当学习不再是追求有意义生活的最佳方式，沦为寻求短期利益的工具时，这种源于功利的学习，就难以造就具有丰富思想和强烈社会责任感的人才。这对我们自身以及整个社会的发展，都会产生不利的影响。记得我国学者陈平原曾经举过这样一个例子。竟然有的同学为自己制订了精确的人生规划：30 岁正处，35 岁副厅，40 岁正厅，45 岁“进部”——副部级。真是可以称为“精致的”利己主义者。① 有这样一个故事：有一天，有两个人到庙宇里祈祷。其中有一个人祈祷保佑不要犯案。另一个人祈祷一定要抓获偷东西的人。一个要献鸡，一个要献猪。这种虔诚既不是理想，也不是信仰。理想和信仰是不能计算的，有了计算就不再是理想和信仰。2011 年度国家最高科技进步奖获得者、我国学者谢家麟院士的大半生都与“加速器”这个名字绑在一起。即便是在最困难的时候，也未曾放弃。他认为：“科研工作就是解决困难问题，没有困难就不叫科学研究，科学研究工作的根本精神就是创新，没有路可走，你自己就得想出一条路。”他将自己获得的奖金悉数捐献给中国科学院物理研究所。这才是秉持理想和信仰的人生。②

6.3 清明淡定的人生态度

我们的成长过程是一个从自然人向社会人转变的过程，这一转变过程又是一个从简单到复杂、从复杂到简约的过程。就是说，由社会分工而形成了不同的社会环境，即简单的社

---

① 参见陈平原：《大学小言》，生活 · 读书 · 新知三联书店 2014 年版，第 222 页。

② 参见袁贻辰：《“白手起家”的科学大师》，《中国青年报》2016 年 3 月 2 日“冰点人物”版。

会环境、复杂的社会环境、简约的社会环境。一般来说，大学前教育为我们提供的是适应简单社会环境的平台，大学教育为我们提供的是适应复杂社会环境的平台——进入复杂社会之前的精神涵养期，研究生教育为我们提供的是进入简约社会环境的平台——主要依靠专业能力获得发展成就。

大学时代是我们走向复杂社会之前重要的精神涵养期。从教育规律来看，精神的涵养绝非一朝一夕的事情，精神涵养需要特定的时间和特定的空间。从特定的时间来看，过早或过迟皆不足取。过早，我们还不具有成熟的心理感受能力；过迟，我们的某些习惯已然养成而难以改变。从特定的空间来看，精神涵养需要相对宁静的空间环境。在错交杂陈的社会环境里或喧闹嘈杂的空间环境中，是难以达到精神涵养效果的。

《中国青年报》社会调查中心与搜狐网教育频道联合开展的一项调查显示，有 56.8% 的人认为大学生社会化不足，有 31.2% 的人感觉大学生过度社会化。① 实际上，社会化不足也好，过度社会化也罢，都说明了一个问题，即我们对什么是社会化感悟不够。我认为社会化不足是对社会化的理解不够，过度社会化是对社会化的理解出现偏差。我们如果在缺乏由精神涵养而形成的支撑生命活动所需要的价值资源的情况下，过早地进入复杂多变的社会环境，就像风向不测、

---

① 参见《中国青年报》2007 年 12 月 3 日。

心力未定、脱叶犹飞，很容易为社会快节奏的生活所挤压，被社会的复杂性所迷乱，或无可奈何地依附于无尽无休的闲人琐事，或不知不觉地动摇于无可名状的社会涣散之力，或不可自拔地纠缠于诡谲不定的利益旋涡，或难以分辨地裹胁于交错杂陈的时势潮流，如同在茂密森林中迷失了方向仍浑然不知，如同在藻荇藤蔓中步履蹒跚仍浑然不觉。据中国高校传媒联盟的一项调查显示，大学生的各种应酬活动正在增加。有38%的受访者在各种聚会社交方面的开销占生活费的比例甚至超过30%。这种所谓与社会接轨的活动方式，已经让许多同学感觉到了“心累”和“苦恼”。① 为此，金耀基教授直陈：“求学时期的大学生，应尽量积蓄自己的知识，尽量充实自己的智慧。关心与认识社会以及对现实之不合理者提出看法与批判，是应该而自然的，但不必过早地走出教室、走出图书馆、走出实验室，直接参与，无限承担。若要真正有贡献，则必须有待知性的磨炼、理性的沉潜，然后才是有能力的行动。”②

大学是宁静的。宁静是大学的“生命气氛”，也是大学的本质要求。宁静是一种在社会的剧烈流变和喧嚣浮华中保持“置身闲暇与耐住寂寞”的状态，于是大学也就拥有了一

① 参见《大学校园里正在发酵应酬文化》，《中国青年报》2016年3月4日。

② 金耀基：《大学之理念》，生活·读书·新知三联书店2008年版，第129页。

个消除许多糟粕、略去许多复杂因素的宁静校园。在这里，人们的交往方式和生活样态主要是围绕学术活动和人才培养展开的。这样一种宁静的校园气氛以及特殊的交往方式和生活样态，又构成了一个无形的“精神围墙”。如果没有这样一种“精神围墙”，就无法满足人们对大学的高尚性和纯洁性的期盼，从而也就丧失了大学存在的价值。大学不可以随波逐流，更不能对世风恶俗起到推波助澜的作用。正是这种“宁存淡泊心，不去媚俗尘”的独立精神，呵护了我们正在成长中的心灵。

在当代社会，尽管市场经济的发展使社会环境更加复杂，市场经济的大潮也在一定程度上扩染到了大学，也有人指出了大学存在的诸多“问题”，但作为一个学术整体，大学的学术精神并没有消解。大学仍然以一种特有的“矜持和执着”，守护着相对宁静的校园。英国学者怀特海认为：“大学不能萧然物外，对社会无萦念，对生命无热情，但假如急于走出‘象牙塔’，则不啻于放弃了大学之为学习和创建知识的目标。大学之对于社会保有一定的距离是有必要的，此一距离是维持观念反省的智慧之必要条件。”① 比如澳大利亚悉尼大学在录取本科生的时候，主要看学生的成绩，看人格、个性、兴趣、看课外经历——参加音乐、艺术、体育等

① 金耀基：《大学之理念》，生活 · 读书 · 新知三联书店 2008 年版，第 22 页。

方面活动的情况。在录取博士研究生的时候，则主要看从事科学研究工作的志愿，是否愿意忍受孤独寂寞和辛劳，因此，格外看重个人的性格因素。一方面是坚强的意志，另一方面是灵活性，高压力下的舒适放松状态。该校时任校长布朗认为：这样的状态容易涌现出富有创新性的想法。①

思考是宁静的。一般来说，我们心灵的活动越多，思想越丰富；大脑越忙碌，就越发坚信自己的存在。我们的大脑犹如一个牧场，进入大脑里的各种信息如同斑驳的点，只有连接起来才有可能发现规律。我们必须对各种零散的信息进行反复咀嚼和消化，用思考梳理信息、用思考检讨行为、用思考发现问题、用思考澄清关系、用思考形成思路、用思考形成平衡——世界的和周边的、历史的和当代的、理想的和现实的、社会的和文化的、科学的和道德的、生活的和审美的，对这些关系进行合乎理性的梳理和塑造。正是在此意义上，大学时代则成为我们进入复杂社会之前的重要的涵养期。

在大学里，我们避免了过早依附社会生活的繁杂琐事，避免了社会不良风气的影响，赢得了仰望星空的宝贵时间和空间。在悠远的历史中，在辽阔的天宇下，在肃静的教室里，在凉爽的树荫处，在绿茵的小道上，或静坐思考、或漫步思考，虽看似平静，但内质却是涵养一种大道在心、不惊

① 参见《中国青年报》2007 年 12 月 10 日“国际教育”版。

不诧的恬淡自如，涵养一种春华秋实、气韵高华的内蕴，进而在泰然自处中显示生命力的勃发和创造力的涌动，这正是《大学》中所说的："知止而后有定，定而后能静，静而后能安，安而后能虑，虑而后能得。"

6.4 多元宏阔的知识视域

一般来说，人类社会的进步和发展，源于文化和知识的多样性[①]；人类社会文化和知识的多样性，构成了人类社会经验的丰富性。文化和知识决定了我们所要学习的东西，决定了我们所能发展的条件，我们未来发展的一切判断、观点、动机、标准以及付诸行动的决心，就集中在我们所获得的文化和知识的视域范围。可以说，我们对文化和知识掌握得越丰富，对社会发展的感受力就越准确，走向社会的信心就越坚定。

大学，有容乃大。"容"是一种原初生态。没有汇聚，就没有迸发；没有汇聚，便难以创造。大学如同一方池塘、一个山谷，既是各种文化和知识相互交流的平台，也是各种文化和知识互相化育的熔炉，各种文化在这里互通，各种学术在这里互容，各种思想在这里互动，各种知识在这里互

---

① 据统计，当前世界上有 200 多个国家和地区，有 2500 个民族，共有 6000 多种文字。参见赵启正：《作为世界公民的跨文化交流》，《文汇报》2009 年 7 月 5 日"每周演讲"版。

鉴，形成了各美其美，美美与共的交融局面。正是这种多元共生和包容共进的特点，成就了大学沉静中孕育着旺盛生命气象的力量。台湾作家林谷芳先生在《学问，惟在气象》一文中写道：“气象是眼界、是格局、是丘壑，但较诸于此，它更有一番吞吐，可以周弥六合，可以退藏于密，无论横说竖说，总有一番气度、一番生机。”①

具体来说，大学的多样性主要体现在如下几个方面：

一是文化的多样性。大学是各种不同文化的融会地。在宏阔的文化交流和文化讨论中，我们慢慢将人类社会积累的丰富文化财富和文化智慧内化为自我成长的组成部分，炼就应对各种文化环境的感受力和适应力。相反，倘若没有这样一种多元文化的熏陶以及多样文化的体验，我们每当遇到新的文化环境时，就难以避免陌生文化环境的局促与不安。

二是知识的多样性。大学是各种学科（专业）知识的汇聚地。尤其是综合性大学，其学科（专业）覆盖了社会诸多领域，从自然科学到社会科学，从物质世界到精神世界。在众多的知识交流和知识讨论中，我们逐渐学会了选择性比较、选择性融合，由此培养了不同学科（专业）知识之间的迁移能力，而不同学科（专业）知识之间的迁移能力恰恰是

① 转引自徐飞：《读书人的气象》，《中国青年报》2016 年 3 月 28 日“读书周刊”版。

知识创新所需要的必备能力。

三是群体的多样性。大学是各种不同群体的集散地。更具体地说，大学就是“南来北往”，就是“南腔北调”，就是“千差万别”。比如教师群体在思想眼界、学术研究、教育理念、教学风格、发展动机方面的多姿多彩；学生群体在社会背景、学习经历、生活经验、文化习惯、特殊才能、个人抱负方面的异彩纷呈。大学的这种多样性为我们提供了丰富的资源和机会。此外，还有不同年龄的教师以及不同届次的学生，甚至还有来自世界各国的教师和留学生。在这里，人们同餐共宿，居息一堂。用英国教育家纽曼的话说，大家“来自许多不同的地方，带着许多不同的观念，所以在这个过程中，有许多东西值得概括，有许多东西值得适应，有许多东西需要消除，还有许多内部关系需要确定，有许多习惯规则需要建立”①。于是，大家“学习相互尊重、相互咨询、相互帮助，这样就造就了一种单纯而明净的思想氛围”②。

我国学者陈浩指出，正是这种“包容彼此之不同，欣赏个性之精彩”的特质，才彰显了大学品质。印度贝拿勒斯印度教大学卡玛尔·希尔教授在金砖国家大学校长论坛上的发言中也指出：“教育有一个非常重要的作用就是能够打破人与人之间的藩篱，然后建立起一种新的文化范式，使得

---

① ［英］纽曼：《大学的理念》，贵州教育出版社 2003 年版，第 139 页。

② ［英］纽曼：《大学的理念》，贵州教育出版社 2003 年版，第 106 页。

人与人能够更为和谐，世界更为美好。”① 我们通过面对面的接触，思想与思想的交流，精神与精神的感通，心灵与心灵的会遇，逐渐学会正确理解多元文化、正确认识多元知识、正确把握多元群体、正确对待多元个体，在多元中发现共同，在多元中发现差异，在多元中保持尊重，在多元中进行协调。

当然，大学的多样性也会引发各种矛盾和冲突。比如说焦虑和压抑，可能是我们许多同学的共同体验。许多同学原来的最大优势可能就是学习成绩优异，可是，上大学后却发现自己唯一的优势在众多学霸中变得没有那么突出了，这种落差往往会让我们的情绪产生波动。正如有学者指出的那样：“每个学生都带着许多个人、家庭、中学学业等各方面的特点进入大学，他们对于大学学习的态度、期待和投入程度各不相同。当这些个人因素与校园的学术和交往环境发生关系之后，作为个人必须对这两个系统的运作方式做出反应。积极的反应导向学业的成功，消极的反应则导致辍学。”② 事实上，在竞争的环境中，这是一种正常的生命体验。在社会背景、学习经历、生活经验、文化习惯、特殊才能、个人抱负等的诸多差异中，矛盾和冲突往往成为我们日

① 靳晓燕、张蔚：《创新、变革和大学责任——金砖国家大学校长论坛综述》，《光明日报》2015 年 10 月 27 日“高等教育”版。

② 程星：《世界一流大学的管理之道》，北京大学出版社 2011 年版，第 29 页。

常生活的组成部分。在生活中，我们如果总是以自我为中心，无视他人存在的合理性，对差异性不能予以充分的理解，那么我们就有可能变成心胸狭隘的人，变成对不同意见的排斥或压制的人。妥协是不同事物结合的首要原则。纽曼指出："任何人若坚持将自身的权利最大化，坚持自己的见解而不宽容其邻人的意见，在一切事情中都我行我素，他就会独占所有的东西，而不容任何人与他一同分享。"①

一个具有多元文化体验的人，不拘泥于个人成见，不执着于一己私念，而是将生命敞开，善于吞吐吸纳，如此形成开阖的气度。美国哈佛大学教授莱特在《充分利用大学时代》一书中指出："大学时代广泛接触来自各种背景的同学并学会在一个多元的环境里发展，是我们在大学时代所有经验中感到最吃力同时又是收益最大的体验。"② 学会在一个多样化环境中与同学共处、共事、共享，可以说，这是大学富有积极意义的人生体验。甚至在食堂、寝室的时间，都是我们学习礼仪、参与对话、了解同学眼睛里所看到的问题的机会，同时也是与大家彼此分享自己对问题的认识的良机。比如在宿舍这一特定的环境中，同学们要起居、要学习、要思考、要待人接物，要处理学习和生活的关系，处处都能够表现出每个人的品行、作风和修养。可以说，大学宿舍是践行

---

① ［英］纽曼：《大学的理念》，贵州教育出版社 2003 年版，第 49 页。

② 转引自程星：《细读美国大学》，商务印书馆 2007 年版，第 24 页。

公共精神的必要场所。较之家庭，宿舍是我们公共生活的开始。大学宿舍承载着一个特殊的人生阶段。在这里，如果仅有“自我”而无“自治”，就容易使“自我”变成“自私”，处理事情凭一己之好恶，意气相投则称兄道弟，遇见差异则彼此漠视。因此，在宿舍里，我们既可以厘清公共事物和私人生活的边界，又可以学会自主思考和行动，逐渐养成公共精神。“具体来说，在面对矛盾的时候不仅要学会自我疏导或寻求帮助，更要学会冷静说理；在追求自我和自由的同时，要意识到个人自由的边界要以不影响他人为原则；在处理宿舍公共事物的时候要树立责任意识和权利意识，尽量确立公正的民主程序等。”① 这样，在多样性的氛围中，我们不知不觉地学会了磋商、折中、解释、聆听、道歉、幽默、放弃，提高了理性认识矛盾以及容纳矛盾的能力，达成了“海纳百川”和“万物皆备于我”之目的。

我国教育家张伯苓先生告诫我们说：“个人人格是很重要的。而人格要通过合作才能表现，假使你孤居远处，隐居鸣高，那么就是你有高尚人格，也无由表现了。我希望大家同心协力地合作。”利导则两美可以相得，强合则两贤必至相厄。包容不同乃成大同。

① 施芸卿：《在宿舍实践公共精神和契约精神》，《光明日报》2016 年 5 月 6 日“评论”版。

6.5 公共道德的理性思考

在现实社会中，我们既以“个人”的形式存在，也以“社会人”的形式存在，就是说，我们的存在必须通过各种各样的社会关系来确定和解释。个人实现自我的根本途径是必须得到他人或社会的认可和肯定。唯其如此，我们就不能不讲道德。

一般来说，道德大致可以分为三个层面：一是私德，即以感情为纽带的私人道德；二是行规，即以行业规范为要求的职业道德；三是公德，即以公共关系为取向的公共道德。在传统社会，往往是家庭意识强，社会意识弱；个人意识强，公民意识弱；自我意识强，公共意识弱。正如梁启超所说：“谓文明人与野蛮人之别，在公共思想之有无与未来观念之丰缺。”① 在传统社会，“只知有私德，不知有公德，故政治之不进，国华之日替，皆此之由。……我国民中无一人视国事如己事者，皆公德之大义未有发明故也”②。伴随现代社会的发展，血缘关系和地缘关系的重要性愈益弱化，职场关系和公共关系的重要性日益凸显。就是说，在现代社会中，我们不仅要有私德，而且更需要有职业道德和公共道

① 梁启超：《新民说》，辽宁人民出版社 1994 年版，第 170 页。

② 梁启超：《新民说》，辽宁人民出版社 1994 年版，第 20 页。

德。在公共社会的场域中如何生活得更有价值，已经成为我们成长中必须面对的问题。南开大学“允公允能，日新月异”的校训，就是要培养学生的“爱国爱群之公德与服务社会及他人的能力”。南开大学创建人张伯苓认为：“‘私’，所见所谋，短小浅行，只顾眼前，忽视将来。”在他看来，唯“公”故能化私，爱护团体，有为公牺牲之精神；唯“能”故能去愚，团结合作，有为公服务之能力。因此，张伯苓十分重视公共道德教育。他说：“爱物亦公德也，公德心之大者为爱国家，为爱世界。”其宗旨是养成维护公共环境与秩序、热爱国家乃至世界的现代公民情操。① 澳大利亚学者克里滕堡亦认为：“学校教育把我们从家庭个人道德关系中引导出来，培养我们的公共伦理观，以便我们更好地参与社会公共生活。”②

所谓公共道德，是指在公共社会场域中形成的公共道德规范。克里滕堡认为，人们“如果不遵守基本的社会公德，社会就无法存在，更不用说兴旺发达了”③。因此，公共道德是任何个人或社会力量不可或缺的要素，离开了公共道德要素，任何个人或社会力量都将存在某些缺陷，也就是我

① 参见杨桂青：《教育现代化背景下看张伯苓教育思想的价值》，《中国教育报》2016 年 4 月 14 日“教育科学”版。

② ［澳］克里滕登：《父母、国家与教育》，教育科学出版社 2009 年版，第 131 页。

③ ［澳］克里滕登：《父母、国家与教育》，教育科学出版社 2009 年版，第 68 页。

们常说的‘短板效应’”。《尚书》中就有“惟德动天，无远弗届”的说法，德国哲学家康德也有关于道德是“第一命令”的论述。

公共道德即公共责任。尤其当成为一名公众人物之后，断不可存在道德上的“瑕疵”。就是说，我们不仅需要有私德，同时还要承担更多的社会公共道德责任，这是作为现代社会公民特别是社会公众人物实现自身社会理想的重要基础。美国科学家富兰克林认为操守上的完美，必然会赢得他人的敬重。英国思想家洛克也认为：“德行愈高的人，其成就的获得也愈容易。因为凡是能够尊重德行的人，对于一切合于自己的事是不会采取执拗或倔强的态度的。”[①] 相反，一个缺乏公共道德感和公共道德担当的人，常常会面临发展的困境，因为这样的人往往容易激起人们的反感甚至厌恶。蔡元培先生也有过“道德有亏、行有不正者，必为社会所訾詈”的警示性话语。由此看来，我们的成长过程，不是财富的堆积过程，而是合于德性的活动过程。小得靠智，大成靠德。作为清华大学校训的“厚德载物”，既反映了深刻的公共道德含义，又揭示了深刻的人生哲理。在任何社会，具有公共道德责任的人也都是具有巨大发展潜力的人。在美国和英国，学生只有读完四年大学以后才能进医学院学习。而且首要条件是看个人的素质，而不看是否读过生物专业还是自

① ［英］洛克：《教育漫谈》，人民教育出版社 1963 年版，第 53 页。

然科学专业。特别强调：做医生，首先要知道怎么做人，怎样对待人。

公共道德是人类的价值基础，也是公共教育的最高目的，所有中外教育家都强调品德陶冶的重要价值。教育的目的正在于培养“身心且善且美的人”，用孔子的话说是“求仁得仁”，用古希腊哲学家苏格拉底的话说是“学善为善”。德国哲学家黑格尔指出：“‘文化’是一个形式性的范畴，是根据普遍事物的形式而形成的。一个有文化教养的人知道怎样将普遍性运用到自己的行为之中，他已经摒弃了自己的个人性、私己性，而根据普遍原则来做事。文化教养是思想的一种形式，它有赖于人们的自我克制，有赖于人们不仅仅遵循自己的欲望和性格去做事，而是将自己置放于原则的约束之下，因此，他给予自己的对象一种独立性，并让自己也习惯于采取理论态度。”① 他进一步解释说：“对于有教养的人来说，他会习惯性地去掌握个别事件的不同情况，去分析其中的处境，去直接地把普遍性形式应用到孤立的、抽象的事件之中去。一个有教养的人会辨识他的对象的不同情况，他对这些细节了如指掌，成熟的反思能力使他能掌握普遍性的形式。他也会将这些普遍性的形式运用到自己的行为之中去，从而使自己的行为举止端正。而另一方面，没有教养的人则很可能会掌握大概意思，但是同时却将其他的枝节破坏

① ［德］黑格尔：《历史哲学》，九州出版社 2011 年版，第 64 页。

得一塌糊涂，使它们的内容变得十分混乱；但是有教养的人则将所有反面都照顾得十分周到，因此会将普遍性的形式表现出来，有教养的人已经习惯于根据普遍性的观点和目的来行动。因此，文化教养可以被定义为：将普遍性带入某一个具体内容中的能力。”① 大学虽然不是实施道德说教的场所，但“大学是一个充满强烈道德意识的地方”②。大学的道德教育，主要是通过三个途径实现的：

其一，隐含于系统知识的传授过程中，渗透于科学方法的训练过程中。人的心性在科学研究中能够得到修养和锤炼，确保我们对粗疏的理论和无聊的幻想具有辨识的能力。美国思想家爱默生指出：“只要一个人习惯于透过现象观察事物，习惯于搞清楚这一高超的做法如何没有例外、持续不断地盛行下去，那么，他马上就会重视心态的平和。”③ 纽曼也指出：“知识在心智里产生一种挑剔的心理。这就好比养尊处优者或具有病态习惯的人，对食品所表现出来的那种精细和讲究。尽管这种挑剔并不证明什么高尚的原则，在遭到强烈诱惑之际也绝对不敢保证不会心旌摇动，其作用也难保证屡试不爽，但是，它常常或一般会很活跃，从而对某些罪过产生一种绝对的厌恶，把它们作为缺乏绅士风度的行为

---

① ［德］黑格尔：《历史哲学》，九州出版社 2011 年版，第 65 页。

② ［美］布瑞德利：《哈佛规则——捍卫大学之魂》，北京大学出版社 2009 年版，第 113 页。

③ 转引自林语堂：《美国的精神》，群言出版社 2011 年版，第 70 页。

来憎恶和嘲笑。”① 德国教育家洪堡亦十分强调科学研究对于道德完善的作用：“大学的真正成绩应该在于它使学生有可能，或者说它迫使学生在他一生当中有一段时间完全献身于不含任何目的的科学，从而也就是献身于他个人道德和思想上的完善。”② 德国学者雅斯贝尔斯也认为：“科学态度不仅帮助学生掌握了有限的知识，而且也培养了学生的理性（精神）。”③ 比如学生在研究和专业教育中所获得的不仅是纯粹事实的知识，而且也包括改变了偏执的态度，避免了狂热和盲目的行动。在专业学习过程中，我们通过系统的专业学习和精细精神的养成，将泰山不容微尘，大事必做于细的精神融入自己的生命之中，达成因小通大、推肉合灵之目的。诚如我国台湾学者林玉体所言：“一流的科学家或发明家，根据他的实验与观察，极容易发现对于真实之了解实属不易，因此诚实、虚心、宽容等科学‘品德’乃顺势而生。”④

其二，隐潜于校园公共理性的生活氛围中，甚至贯穿于校园环境的每一个细节中。在大学时代，我们为什么要强调公共理性呢？所谓公共理性，就是建立在“公平正义”基础上的“公共生活规则”。可以说，公共理性是社会发展的

---

① ［英］纽曼：《大学的理念》，贵州教育出版社 2003 年版，第 168 页。

② 杨东平：《重温大学精神》，载杨东平主编：《大学精神》，文汇出版社 2003 年版。

③ ［德］雅斯贝尔斯：《什么是教育》，生活·读书·新知三联书店 1991 年版，第 113 页。

④ 林玉体：《西方教育思想史》，九州出版社 2006 年版，第 366 页。

现代品质，也是人类公共文明进步的重要标志。只有以“公平正义”为基础，坚守“诚信、善良、宽容、适宜”的公共精神，方能生成一个正向循环的社会发展趋势。一个国家的公共理性程度越高，表明一个国家经济和社会发展的程度越高。大学则为我们提供了这样一个公共理性的最佳体验场所。在大学里，我们可以认真观察、悉心体验、审慎思考大学生活的每一个细节和每一次经历，借此获得理性道德的滋养。比如，学术研究中的理性道德是对一般道德要求的继承和超越。理性道德更加强调以人为本，关注对道德本质和道德意义的理解和把握，深刻体会人类社会需求、追求和价值的多样性，养成丰富的人际和社会意识，以心灵与他人相知相遇，从而为构建和谐社会添砖加瓦。诚如雅斯贝尔斯指出的那样：“热衷于研究和解释的强烈意志促进了人性的发展，也就是说，聆听他人陈述的理由，理解他人，设身处地为他人着眼，对人诚恳，对生活抱有严肃的态度，这正是人性的充分体验。”① 美国学者派克也认为：“解决人生问题的首要方案，是自律，缺少了这一环节，我们不可能解决任何问题和化解各种难题。局部的自律可以解决局部的问题，完整的自律可以解决所有的问题。”②

其三，蕴藏于科学精神的播扬过程中，孕育于我们深

① ［德］雅斯贝尔斯：《什么是教育》，生活·读书·新知三联书店 1991 年版，第 113 页。

② ［美］派克：《心智成熟的路程》，吉林文史出版社 2009 年版，第 3 页。

入的理性道德思考中。大学时代，是我们进行理性道德思考的最佳时期。在大学前教育中，我们往往拘泥于形式上的道德要求，比如称呼的使用以及一些简单的礼节，而对道德问题的理解还处于“模棱两可”的状态，难以理解礼仪的核心是理性道德。大学期间，随着年龄的增长，人际环境的变化，认知能力的提高，我们对道德内涵的理解渐入佳境。比如伴随空间的改变，我们远离了父母，正是这一空间的变化，我们开始对父母有了牵挂和思念。同时，通过与更多陌生人的接触，开始思考“他（她）是谁”？“我与他（她）是怎样的关系”？“我与他（她）如何相处”？此时，无论从心理成熟程度来看，抑或从理解能力以及未来的发展机会来看，都具备了理性道德感悟的可能性。比如，我们开始理解了这样一个道理，我们自身理想的实现需要来自道德的鼓励，从中获得支撑我们前行的信心和动力。就是说，大学时期是决定我们未来发展的关键时期，我们的自我期望和社会对我们的期待也进一步提高。这个时候，我们自己就会主动关注这些问题。比如，我们更加注意如何在老师和同学心目中树立良好形象，注意自身行为的适宜性，培养自我行为的控制性，知道什么是应该做的，什么是不应该做的。开始懂得尽力避免使用挑衅性语言和避免产生攻击性行为，以求达成愉悦和谐之目的。

在大学生活过程中，我们通过内省的方法，感悟了道德的本质；通过“合宜”地融入集体生活，体验了“独乐乐不若与人乐乐”的意境，内在地建立起关于人与人、人与社会的基本关系的正确理解和把握，自觉地承担道德责任，善尽对他人以及社会的职责。用俞敏洪的话说：道德就是“要做对得起自己对得起别人的事情，要有和别人分享的姿态。包括你所拥有的东西，感情、思想、财富。”

首先，唯有正确理解道德本质，才能真正实现道德自律。何谓道德本质？一言以蔽之，道德的本质就是对人性的尊重。在生活中，我们每个人都会有自己的精神追求，但最为重要的精神需要是获得尊重。诚如法国教育家涂尔干指出的那样：“道德要求我们热爱我们的所属群体，热爱组成这个群体的人，热爱他们生活的土地，热爱所有具体而真实的东西。”① 而道德本质的实现就体现于道德自律以及自觉遵守基本的社会道德规范。道德自律是指一种内在的自觉，如阳明心学所强调的先“破心中贼”，而后方能达成“知行合一”。日裔美国学者福山在其《信任——社会美德与创造经济繁荣》一书中将一般社会道德称为“社会品德”。作为约定俗成的一般社会道德规范，是人类社会特定生活实践的经验或教训总结，它告诉人们应该遵循的基本生活规范和基本生活道理，具有历史必然性和普遍约束力。在美国曾经发生过这样一个真实的故事。1920 年，一个正在读中学的学生，因踢足球弄坏了邻家的玻璃，需要赔偿。这块玻璃

① ［法］涂尔干：《道德教育》，世纪出版集团 2006 年版，第 198 页。

价值 12.5 美元，在当时可以买 120 只鸡。当这个孩子向父亲要钱时，父亲说：“玻璃是你弄坏的，就需要你自己去承担，没钱我可以借给你。”于是，孩子用借来的钱赔偿了邻家，然后用一年时间送报纸、擦皮鞋、打工挣钱，终于将挣够的 12.5 美元还给了父亲。这个孩子就是后来当选了美国总统的里根。他说：“这件事让我知道了什么是责任，怎样对自己的行为负责。”教育部哲学社会科学重大公关项目（2003—2006）“中国公民人文素质现状调查与对策研究”中的大学生部分数据表明，在十类道德品质中，当被问到“你最看重人的哪三种品质”时，选择的顺序依次为：诚信（75%）、关爱（65%）、宽容（65%）。① 可以说，这三项以及所形成的顺序大体反映了道德要求的基本层面，值得我们进一步思考。

（1）诚信。诚信首先是“诚”，即真实、实在、诚恳、敬谨的意思。就是说，我们要真实表达内心的意愿，既不欺己，也不欺人，做到“表里如一”。“诚”为百行之源。诚实是道德的精髓，也是道德的依据。《韦氏新世界词典》认为：“诚实”是“完整无缺的品质或状况”。我们可以概括为“完整和完全”。比如我们大家绝不会冒险开车去通过一座不完整的大桥，因为不完整就意味着不安全。当一个人与其话语的联系因不真实而分裂的时候，这个人与自己的关系

① 参见《光明日报》2008 年 2 月 21 日第 11 版。

便是不真实的和分裂的。缺乏诚实的努力不仅没有价值，而且会让自己处于危险的境地。因此，孟子认为“思诚者，人之道也”；宋代张载认为“性与天道，合一存乎诚”；朱熹认为，“凡人所以立身行己，应事接物，莫大于诚敬”。这表明做人的基本道理是诚实，也是我们安身立命的根本。美国杰弗逊总统甚至将诚实提高到了国家信誉的程度。他说：“诚实是智慧这部巨著中的首篇，它也应当成为我们国家最根本的品格。”①“信”是指信任。事实上，“诚”与“信”是互动的，没有“诚”，则没有“信”；没有“信”，则没有“诚”。这两个字联结成不可分割的整体——诚信。在《论语》中，“信”字出现了38次，频次仅低于仁（109次）和礼（74次）字。有学者认为“没有人们互相之间享有的普遍信任，社会本身就将瓦解”②。信任是公共社会运行的润滑剂，不仅可以降低社会摩擦成本，而且可以消除潜在社会问题，提高社会运行效率。

（2）善良。古希腊先哲柏拉图在《理想国》中关注的就是“善德”问题。日本思想家铃木正三、石田梅岩认为善是万物所显示的宇宙秩序原则。③美国学者罗尔斯认为善是一项合理的生活计划的成功实施。他说：“在一种限定的意

① 刘再复：《教育论语》，福建教育出版社2012年版，第190页。

② 转引自［美］福山：《信任：社会美德与创造经济繁荣》，海南出版社2001年版，序。

③ 参见［法］布罗代尔：《15—18世纪的物质文明、经济和资本主义》，生活·读书·新知三联书店2002年版，第414页。

义上——正义与善是一致的，至少在一个组织良好的社会的环境中是一致的。”① 用现代的话语来表达的话，善就是促进爱和美好的东西，善心促成善举，仇恨增加恶行；没有善意，就不会有良好的关系。因此，孔子曰君子“成人之美”，孟子讲君子“与人为善”，苏格拉底认为“知善即从善”。我国青少年教育专家尹建莉指出：“诚实和善良是人生的两大基石。无论我们做什么事，这两大基本原则不能偏离。只要照着这个去做，就不会出错。”②

（3）宽容。美国作家房龙在《宽容》一书中认为：宽容就是容许别人有行动和判断的自由，对异于自己或传统见解的观点有耐心与公正的容忍。换个说法，宽容的本质就是尊重。在当下社会的很多场合，缺乏尊重感的情况处处可见，导致了各种关系的局促和撕裂。在现实生活中，做一个姿态偏激、语言激烈、动辄攻击他人的挑剔者是一件很容易的事情，甚至不用思考，因为这不需要深入了解事实，不需要进行深入思考、不需要知道自己应该做什么，只是反对他人做什么就可以了。但实际上，最终的结果还是自己受到了深深地伤害，因为我们如果养成了吹毛求疵的习惯，不仅会影响到思考习惯的养成，也破坏了我们自己对理想的信念，破坏了人际关系的和谐。宽容就是在唤醒“善”。比如当教育用

① ［美］罗尔斯：《正义论》，中国社会科学出版社 1988 年版，第 381 页。

② 蒋肖斌：《尹建莉：家庭教育是孩子成长的全部基石》，《中国青年报》2016 年 6 月 6 日“悦读”版。

宽容传达出对学生的一种善意时，唤醒的是学生的向学之心和向善之志。1956 年，第 16 届奥运会在澳大利亚墨尔本举行。当时，一个悉尼大学一年级学生虽然违规冒充火炬手，被发现后仍然得到了学校的宽容。① 试想，如果简单地处分了这名学生，他的命运就有可能由此而改变！

其次，唯有认同道德本质，才能承担道德责任。大学为什么要强调培养道德责任？这是因为人类所具有的高度发达的道德责任是人类社会的精髓，道德责任反映了一个人的思想境界。尤其对社会精英来说，承担更多的道德责任尤为必要。什么是责任，责任就是不推脱、不逃避、不寻找借口。大学为什么要严肃处理有作弊行为的同学？这主要就是为了让我们形成诚实的品格。作弊行为既违反了科学信条，也违背了道德理性；既践踏了真理本质，又侵害了他人利益。学校如果不严肃处理作弊行为，那么教育鼓励了谁，又限制了谁？当这些人走向了社会，手中握有了权力，他又会维护谁，坑害谁？没有规范或缺乏诚信的社会是不可持续的。只有确立了相应的规则，引导人们理性发展，才合乎公共社会的要求。大学教育的一个重要任务，就是将理性道德融入知识教育之中，让我们在获得知识的同时，正确理解和把握并内在地建立起人与人、人与社会的基本关系。

最后，唯有敬畏道德本质，才能提升道德境界。经过

---

① 参见《宽容的微笑》，《读者》2008 年第 14 期。

理性道德思考和理性道德体验，最后升华为一种道德境界，即自觉认同国家的主流价值。国家主流价值是指在社会成员普遍认同的社会规范体系中居于核心地位的价值观。可以说，它是维系社会团结的精神纽带，引领社会前进的精神旗帜。其中的一个重要方面就是以爱国主义为核心的民族精神。爱国主义是指人们在历史过程中形成的对祖国的深爱之情，如列宁所说：“爱国主义就是千百年来巩固起来的对自己祖国的一种深厚感情。”爱国主义集中表现为民族自尊心和民族自信心，表现为人们为争取祖国独立富强而英勇献身的奋斗精神。张伯苓投身于南开时，就立志要把学校办到“有中国即有南开”、“中国不亡有我在”的境界。① 上海交通大学校训中的“饮水思源，爱国荣校”，亦体现了道德责任的最高境界。英国思想家洛克曾经这样说：“尽心竭力地为祖国服务，乃是每一个人不可不尽的义务。”② 美国独立战争时期的民族英雄、耶鲁大学校友黑尔就有这样一句名言：“我唯一的憾事，就是没有第二次生命献给我的祖国。”再比如，1968 年因乘坐的小型飞机失事，中国力学科学的奠基人和空气动力研究的开拓者，“两弹一星”功勋奖章的获得者郭永怀光荣牺牲。当救援人员赶到飞机失事现场时，惊讶地看到有两具烧焦的尸体紧紧地抱在一起。在救援人员把他

---

① 参见杨桂青：《教育现代化背景下看张伯苓教育思想的价值》，《中国教育报》2016 年 4 月 14 日“教育科学”版。

② ［英］洛克：《教育漫谈》，人民教育出版社 1963 年版，第 1 页。

们分开的时候，时间仿佛定格，所有人立即脑袋嗡的一声，一片空白，无法说出一句话，因为他们发现，两具尸体的胸部中间，有一个皮质的公文包，虽然有点烧焦，但是在两个人相拥的身体的保护下依然完整，公文包内的热核导弹试验数据文件完好无损。看到眼前的一幕，前来接应的人员当场跪地痛哭，那就是他们力学所的副所长郭永怀和他的工作人员。郭永怀牺牲后不久，我国导弹发射成功。

6.6 立足未来的专业训练

学业有专攻，大学教育自古有分科。在中国古代，即有德行、语言、政事、文学四科之分。到了宋代，则分为“玄”、“儒”、“文”、“史”四科。在西方中世纪时期，大学则分为文法、修辞、逻辑三科，或算术、几何、音乐、天文四科。

伴随社会的发展，社会分工越来越趋向复杂化，社会生活越来越趋向技术化，社会组织越来越趋向专门化。如今，任何一个行业或部门都形成了复杂的制度设计以及处理问题的工作程序，甚至形成了专门的话语环境。今日的大学也有了高度细化的专业，据说可以界定的知识领域已经超过 8000 个。[①] 意大利学者莫斯卡指出：“只有人类智力长期

① 参见［美］罗德斯：《创造未来：美国大学的作用》，清华大学出版社 2007 年版，第 39 页。

思考特定现象序列的基础上，才有可能积累大量的数据、更为有效的方法、更为完善的进行观察的物质手段以及睿智的洞察力和不可动摇的耐心，最终形成那些使得真正的科学成为可能的前提假设。”① 可以说，在现代社会，任何一项真正有价值的成就，无不与专业有关。因此英国教育家阿什比指出：“通向文化的道路必须经历，而不是绕过一个人的专业化……只有能够把自己的技术同社会组织密切结合起来的学生才称得上受过普遍教育；不能把自己的技术同社会组织密切结合起来的学生甚至称不上一个好的技术人员。”② 意思是说，我们必须通过专业之门槛，由专业始可通达博文。诚如金耀基所言：“在根本意义上，今日之为‘通儒’必须知晓科学，否则仍不足言通达。”③ 只有委诸专业能力的不断提高，我们才能立足于未来的发展。

何谓“专业”？专业就是对某一特定领域相关知识的系统整合。一般来说，专业知识是非常高度专门化的系统知识，只有那些在有关领域接受长期训练的专业人员才能掌握。没有经过系统的学习和系统的训练，是难以掌握系统知识的。之所以强调系统学习和系统训练，是因为这种系统学习和系统训练特别重视知识的基础、知识的演进、知识的联

---

① ［意］莫斯卡：《政治科学要义》，上海世纪出版集团 2005 年版，第 80 页。

② 转引自［美］博耶：《关于美国教育改革的演讲》，教育科学出版社 2003 年版，第 64 页。

③ 金耀基：《剑桥语丝》，中华书局 2013 年版，第 54 页。

系、知识的运用以及知识的创造。

何谓专业能力？专业能力是指在掌握完整专业综合性的基础上，能够通过严格的方法保证工作严整的确定性，即能够对自己的想法所包含的全部意义进行控制、评估和贯彻。一般来说，专业能力主要由专业知识、专业理论、专业方法乃至专业精神构成。要想完成某一领域的专门任务，首要的就是要先行具备相关领域的知识储备，包括概念把握、理论把握、方法把握以及专业精神的涵养。这里以概念把握和理论把握为例。概念是认知的要素，理论是思维的基础。没有概念，我们就无从交流；没有理论，我们就无以思维。只有对概念和理论准确把握，才能开展快捷而有效的专业工作和专业交流。

（1）概念。在拉丁语中，“概念”一词意味着种子、胚胎、某种类型的最初萌芽。作为专门用语的时候，主要是指对某一事物本质的高度概括。在特定的语境中，概念的意义在于准确把握、清晰思考、精确表达、有效交流。我们不妨设想一下，没有概念的世界将会是什么样呢？如果没有概念或者概念模糊，我们的思考就会损失质量和微妙，人们的交流就会损失时间和精力。比如，当我们提起“金融危机”这个概念的时候，如果面对的是一位非专业人士，那么他就会如同坠入五里雾中，交流起来就会十分困难；相反，如果是一位已经在学理上掌握了这一概念的专业人士，便会一点即通，心领神会。再比如，当我们到医院去看病的时候，医生会问您哪里不舒服，您说后腰，这种回答就显得十分模糊，这会让医生难以作出判断。因为后腰有腰椎、有神经、有韧带、有肌肉，如果我们能够清晰界定这些概念的话，就会减少很多沟通上的麻烦，医生会依此迅速作出明确的诊断。我国学者费孝通指出：“我们在进行知识创造的时候，必须从特殊走向普遍，即把具体的情境抽象成一套能普遍应用的概念。我们正是依靠自己的抽象能力和知识体系，不但积累了自己的经验，而且可以积累别人的经验，让经验能够相互学习和相互传递，于是形成了社会共同的知识经验。”①

由于概念有助于我们为观察提供可能的前提和必要的规则，有助于组合事实和逻辑推理，有助于抽象思维的培养，因此，德国学者韦伯指出：“概念是全部科学知识中最重要的工具。”②美国学者伊斯顿也认为：“科学最重要的任务，亦为长期的任务，就是要找到用作分析的正确概念。”③那么，应该如何形成概念和发展概念呢？日本学者佐藤正夫认为必须注意这样几个方面：一是比较和分析选定的事物和现象；二是抽出（抽象）或概括种种共性；三是综合共同的一般性质，并运用语言加以表达，给出概念界定；四是将概念的本质特征（所探讨的事物与现象的一般性质）与其他概

---

① 费孝通：《乡土中国》，人民出版社 2008 年版，第 19 页。

② ［德］韦伯：《社会科学方法论》，华夏出版社 1999 年版，第 15 页。

③ ［美］伊斯顿：《政治生活的系统分析》，华夏出版社 1999 年版，第 14 页。

念的本质特征（其他事物与现象的一般性质）加以比较和区分。①

（2）理论。孤立的概念不具有系统知识的意义。我们只有在相关性的概念之间建立起“自恰”性的逻辑框架，概念才具有系统知识的意义，也就是我们所说的理论——概念、定理、原理、结构、模式、范式或模型的集合。黑格尔认为概念的展开就是理论。

理论主要有三种形式：一是适用于特定时间、特定地点、特定事件和特定人群的单项概括；二是适用于某些领域或者某些方面的局部概括；三是适用于全面阐明系统的运行，能够对一般事物进行具有普遍意义解释的一般概括。对我们来说，没有理论解释的事物是杂乱无章的；没有理论指导的实践无异于捕云驯海。要想理解客观事物，我们就必须简化对客观事物的感知。诚如德国学者李凯尔特指出的那样：“如果没有通过普遍化的方法对世界进行简化，那就不能对世界进行计算和控制。在个别和特殊的无限多样性没有通过普遍概念得到克服之前，这种多样性会令我们感到头晕目眩的。”② 没有理论的解释，我们将面对一种不可辨认的现实的混乱。美国学者夏夫利也认为：“没有被理论精确解释

---

① 参见［日］佐藤正夫：《教学原理》，教育科学出版社 2006 年版，第 265 页。

② ［德］李凯尔特：《文化科学和自然科学》，商务印书馆 1996 年版，第 41 页。

的现实对我们来说太混乱了、太复杂了……因此，要想理解为什么某些事情会发生或者希望控制某些事情的发生，我们必须简化我们对现实生活的感知。研究工作就是通过发展理论来进行这种简化工作。一个理论就是通过分析已经发生的一系列类似的事情，从它们中间找到共同的模式，以便使我们能够把这些事件当成是某一个事件的不断重复。”① 爱因斯坦说过：“在科学上，应当使事情尽可能地简单，直到不可能更简单了。”② 比如地图就是一个抽象和概括的形式，它将复杂的世界简约地表现出来，从而克服了空间的混乱。抱怨地图缺少细微的差别和细节，是没有任何道理可言的。一般来说，一个好的理论，能够准确把握客观事物的本质、揭示客观事物变化的规律、预测相关现象的发生和发展。当然，一般理论在多大程度上可以解释它所适用的经验系统，完全要看组成这种理论的概念和概括中有多大程度的逻辑连贯性。

大学教育是让我们理解和沉思于理论的教育，这种教育之所以是自由的，在于它并不受实用目的的支配。马克思曾经这样评论道：“每个原理都有其出现的世纪。例如，权威原理出现在 11 世纪，个人主义原理出现在 18 世纪。因而

---

① ［美］夏夫利：《政治科学研究方法》，上海人民出版社 2006 年版，第 2—3 页。

② ［美］莫里斯：《文明的度量——社会发展如何决定国家命运》，中信出版社 2014 年版，第 28 页。

不是原理属于世纪，而是世纪属于原理。换句话说，不是历史创造原理，而是原理创造历史。”① 迄今为止，诺贝尔科学奖依然坚持只奖励原理性的重大发现而不是应用性发明。大学教育就是增进学生既“知其然”，又“知其所以然”的原理性修养。不可“得形”而“忘意”。准确的理论把握，无论对专业研究也好，对专业实践也好，都具有重要的意义。理论是抽象的概括，是用非现实的方法解决现实问题；应用是具体的应用，是用现实的方法解决现实问题。正如英国思想家斯宾塞指出的那样：“一个只学习了些规则的青年，超出规则之外就不知所措；一个学习了原理的青年解决新问题同解决旧的一样容易。记住规则的心智和掌握原理的心智之间的差异，就像一个是一堆杂乱的材料，而另一个是把同一材料组成了整体，各部分都联结在一处。在这两种之间，后一种的优点不只在于各个组成部分能够保持较好；更大的优点还在于它形成一个有效手段去进行研究、独立思考和发现，而前一种完全无法达到这个目的。这还不能单纯看成是个比方！这是实际的真理。把事实统一成为概况就是知识的组织，无论把知识看成客观或主观现象；而心智掌握事实的能力就可以从这种组织进行到的程度来衡量。”② 英国教育家沛西·能亦认为：“一个发明家比普通的人具有更高度的分

① 《马克思恩格斯选集》第1卷，人民出版社2012年版，第227页。

② ［英］斯宾塞：《教育论》，人民教育出版社1962年版，第49页。

析和综合能力。发明家的头脑和因袭陈规的人的头脑不同，他能很快地把事物的要素，从惯常的结构中分析出来，并且赋予新的结构。”①

譬如扳手属于应用的，可以解决具体问题，但扳手解决的是常规问题，一旦发生超常规问题，往往具有理论思维能力的人才能更加思想宽阔，更加方法灵活，更加容易涌现出创造性解决超常规问题的思路。换言之，理论虽然不能提供现成的解决方案，但却能给予我们以指导，为我们带来新的启发。比如运用科学的方法，分析产生问题的原因，创造出更多解决实际问题的新型工具。再比如，我们培养计算机专业的学生，绝不是为了维修计算机，而是为了让学生或有能力改进计算机，或有能力发明超越计算机的替代产品。可以说，有了理论思维能力，我们就如同有了指南针，在茫茫沙漠中不会迷失方向；如同在飞机上俯瞰大地，一切尽收眼底。一般来说，我们掌握的理论知识越多，就越能获得一种以博大、镇定的态度看待人类生活发展的能力，一种看出生活中所具有的完美统一和美好事物的能力。相反，如果忽略了理论的修养，我们就容易陷入一种如前面所说的短期行为的窠臼，把自己变得狭隘、片面、盲从，甚至狂妄。

北京大学张维迎教授曾经举过这样一个例子。他认为，

① ［英］沛西·能：《教育原理》，人民教育出版社2005年版，第236页。

对于一位高水平的学者来说，需要有一种对现实的敏锐感悟，但并不表明非要时刻纠缠于现实的泥潭。从经验来讲，一位经济学教授未必需要有更多的企业经历，但却能够以自己对某些问题的执着研究，在这个领域发现了某些重要的关系，于是创造出许多与企业相关的系统知识。作为企业家，问题则完全不一样。作为企业家，所有他人的研究成果都要在自己的脑子里像搅拌机一样进行搅拌，最后才能应用于实践。一位经济学教授，如果让他经营企业，可能会搞得一塌糊涂。而有些企业家到大学讲课，讲三个小时掌声雷动，讲六个小时会马马虎虎，讲九个小时可能就会被人轰下讲台。学问就是学问。就是说，如果不能在现实的复杂关系中概括出简约的逻辑关系，寻找到因果关系，就不能叫理论。比如说市场营销，研究者就要做大量的数据调查。比如说广告，消费者对广告反映的敏感度如何，广告与消费者的地域特征有什么关系，与消费者的年龄结构有什么关系。学者通过研究这些现象，然后把它变成系统知识，再通过咨询专家进一步加工，最后变成企业经营中的应用知识。从理论到应用，就是这样一个链条。这些知识有没有用？实际上这要看企业家的吸收能力能够达到什么样的程度。让一个三岁的孩子看《红楼梦》是没有意义的，但这不能责怪曹雪芹。同理，一个真正的企业家要把企业做好，如果没有能力吸收最前沿、最尖端的理论知识的话，那么他就不是一个好的企业家。反过来，学术界也是一样，要保持对企业实践独特的敏感性。

这里再强调一下，这绝不意味着一个人要当经济学教授，就必须从事过企业经营，那是原始社会。几千年以前的事情了，不是现代社会的事情。①

那么，如何才能学习好专业知识和专业理论，让自己真正进入到一种专业状态，甚至养成一种专业气质呢？这就需要系统的专业训练，即运用基于被普遍接受的方法而进行的训练活动。

实际上，教育一词就有训练和引导的意思。在《康德论教育》中，“训练”的概念就频繁出现。一般来说，我们的稳定性、综合性、对自己的驾驭能力以及对客观事物恰如其分的判断力，必须经过长期的锻炼才能养成。我国学者胡适也认为：“不下一番功夫，不利用观察，只知一味偷懒，确实是找不着什么真理的。科学可以训练我们的脑力，供给我们好的工具和方法。”② 换言之，我们只有经过非常专门的训练，才能使自己的头脑处于活泼、健康的状态。一个无法集中精力去做该做的事情的人，是难以圆满完成一项专业工作的。美国学者桑切克认为：“与初学者的知识相比，专家的知识更多地围绕重要观点和概念加以组织。这就使专家比初学者对知识的理解更加深入。从大脑中信息组织方式的范例看，专家通常拥有比新手更加精细的信息网络，信息结点

---

① 参见张维迎：《大学的逻辑》，北京大学出版社 2004 年版，第 158 页。

② 胡适：《东西文化之比较》，载［美］俾耳德编著：《人类的前程》，外语教学与研究出版社 2014 年版。

多且相互联结，以及更好的层次结构。这样，专家能够迅速地阅读和理解信息并提取信息。而初学者由于知识有限，比较零碎和片段，因而限制了他们对信息的准确把握。”① 因此，要想成为专家，就离不开刻意的训练。在专业学习和专业训练的过程中，切忌成为一个怠慢的人。所谓怠慢，就是指凡事都不想付出努力，只要稍有困难和麻烦，就立刻感到沮丧；在目的还没有达成之前就已经轻易放弃，仅仅获得一点皮毛就感到满足；甚至还自以为那些努力工作的人是傻瓜，是白痴。懒惰散漫只能给自己带来无尽的混沌，给工作造成无休的困难。

一般情况下，专业训练包括规范要求、科学方法、表达能力等。可以说，专业训练有点像苦行僧，就是不断地重复。重复的过程难免会感到枯燥乏味，但精心磨炼才能达成技巧。正是在枯燥乏味的重复训练中，专业知识、专业思维以及专业素质才慢慢沉淀在我们的头脑中，转变成为我们的一种生活方式，内化成为我们的一种行为自觉。所谓自觉，就是指我们对事物的熟悉达到了融会贯通，甚至是一种完全无意识的程度。在大学期间，专业训练主要是围绕教学设计和教学安排进行的，所以有“小主课程，大作工夫”的说法。课程一词在英文中有“跑道”、“学习的进程”的意思。

① ［美］桑切克：《教育心理学》，世界图书出版公司2007年版，第278页。

主要是围绕课堂教学、学术研讨、实验教学、实践教学、文献阅读、调查研究、论文写作等展开的。可以说，大学期间的每一个教学环节都是为了促进我们走向更高的学习阶段，直至最后跃上知识创造的平台，因此，每一个教学环节都值得我们细微地去体会。

比如课堂教学。课堂是教授知识的过程，也是习得知识的过程。在课堂上，教师通过理解性地阐明各种相关知识的道理，指明我们实践和努力的方向。可以说，课堂既是充满灵性的空间，也是充满生命活力的图景。教师在教学中展示生命的魅力，学生在学习中舒展生命的活力，这里面有体察、有关注、有关怀，学生在欣赏教师中产生了对知识的渴望，教师在被学生欣赏中有了更灵动的教学智慧。如果我们能够敏锐感知这种生命的互动过程，能够对每一个教学环节都保持一种内心的期待和好奇，就会捕捉到我们自己“最感兴趣的东西”和“最有收获的地方”。当然，教学活动不仅局限于课堂教学。比如实验是科学研究的重要途径，没有实验，科学研究就无法开展。实验的过程就是规范、熟悉、运用知识的过程，在实验过程中，我们慢慢养成了检验知识和创造知识的方法；课堂讨论是磨砺思想和内化知识的过程，通过课堂讨论，我们锻炼了思想的敏锐性和表达能力。

学习是一项需要耐性的活动。有人说学习是一种愉快的事情。实际上，我们在学习中不仅能够体验到乐趣和快乐，同时也会体验到痛苦和失败。因此，“学习就需要确立严格的纪律。对此，我们必须有意识地加以遵守，让纪律成为我们自身的组成部分。我们越是接受纪律的约束，我们有效学习的能力就越强”①。比如考试就是一种纪律约束，也是学习结果的检验。复习考试的过程，不是为了记忆多少知识，而是为了锻炼运用知识的能力。复习考试的过程，就是品咂知识、深化知识、融会知识、觉悟知识的过程，在这一过程中，我们会慢慢磨炼出坚忍不拔的品质和自我控制的能力。再以论文为例。近日，《中国青年报》社会调查中心对2010人进行的一项调查显示，有78.1%的受访者认为身边大学生临近毕业“赶制论文”的现象多。推究其因，在于社会强调就业，学校强调课程，学生轻视论文，故而也就忽视了实质的学术训练。事实上，撰写论文是大学教育中一个重要环节，也是大学生最基本的学习能力的训练。通过撰写论文，可以锻炼我们的认识能力、推理能力、分析能力、表达能力、创新能力甚至审美能力。比如，论文写作过程中的一个关键环节——文献梳理。所谓文献梳理，就是通过大量的“抄、摘、引”，将前人在同一领域里完成的工作进行消化、考订和综合，然后提出自己的观点。在文献梳理过程中，我们不仅获得了丰富的思想资源、扩大了理论视野、增强了历

① ［巴］弗雷勒：《写给胆敢教书的人》，江苏人民出版社2007年版，第50页。

史意识、增进了哲学蕴涵，同时也逐渐养成了判断能力、解释能力以及表达能力。

总之，有人会问，我们怎么样成为一名专家？一个基本的回答是：要成为专家，就需要刻意地训练，就需要不厌其专地收集、整理、思考、研究自己所喜欢的对象和事物，于是就慢慢地成为了专家。

7. 大学教授："奉事圣职的骑士"

大学教师必须是良善之人，一个能够将伟大、高尚的思想灌输到学生心灵中去的人，最重要的是要有对真理的强烈热爱、引以为荣的独立精神，以及能够自主摆脱傲慢虚荣的高贵谦逊的风度。

——［德］包尔生

7.1 大学乃大师之学

教师是学生的引领者。在中国传统社会，就有“师者，人之模范”的说法。荀子则明确提出了可以为师的四个条件，即尊严而惮，耆艾而信，诵说而不凌不犯，知微而论。其中，前两者侧重德性，后两者侧重能力。作为一种社会分工，现代社会的教师已经有了明显的职业化倾向，但教师这一职业的某些性质仍然没有改变。在人们心目中，教师为什么占有如此重要的地位？推究其由，教学过程是学生品读教师的过程，教师行为中所隐含的信息往往对学生产生深远的影响。正是学生的这种“师向性”倾向，决定了教师职业责任的神圣和重大。诚如英国教育家沛西·能指出的那样：“教师对儿童有着决定性的影响。儿童通过成千上万种微妙的方式，跟教师学习区别人类和野兽、区别文明的生活习惯和野蛮的生活习惯的态度和倾向。不知不觉地，但是踏实地，她的价值成为他们的价值，她的标准成为他们的标准。"①

在大学里，教授是大学精神的代表，承担着科学研究和培养人才的双重职责，这就意味着大学教授既是从事学术研究的学者，又是一位博学的教师。德国学者包尔生强调："大学教师必须是良善之人，一个能够将伟大、高尚的思想灌输到学生心灵中去的人，最重要的是要有对真理的强烈热爱、引以为荣的独立精神，以及能够自主摆脱傲慢虚荣的高贵谦逊的风度。"② 据说，世界上只有从事三种职业的人才有资格身穿袍服：法官、牧师和教授。袍服代表着成熟的思想、独立的判断以及对良知所担负的责任。在古希腊，大学教师被誉为"智者"③；在德国，大学教授被誉扬为"奉事圣职的骑士"④，甚至一些著名教授还被尊称为"德意志的导师"⑤。

大学乃大师之学，无大师则无大学。大学要培养一代"新民"，教师队伍是决定性的因素。梅贻琦就强调：大学第一之要事，盖为师资之充实。哈佛大学前校长科南特也认为："大学的荣誉不在于校舍和人数，而在于一代又一代教师的质量。"

---

① ［英］沛西·能：《教育原理》，人民教育出版社 2005 年版，第 112 页。

② ［德］包尔生：《德国大学与大学学习》，人民教育出版社 2009 年版，第 163 页。

③ 宋文红：《欧洲中世纪大学的演进》，商务印书馆 2010 年版，第 54 页。

④ 金耀基：《大学之理念》，生活·读书·新知三联书店 2008 年版，第 159 页。

⑤ ［德］包尔生：《德国大学与大学学习》，人民教育出版社 2009 年版，萨德勒"英译本序"。

7.2 爱是教育的原动力

教育是启迪智慧，教育是润泽生命，教育是唤醒灵魂。培养一个人，就如同种植一棵树，必须小心翼翼，备加呵护。

爱是教育的本质，也是教育的尺度。教育即爱，爱是教育的基础和核心，而爱的具体体现则是公正、体谅和关心。公正、体谅和关心不但会让人快乐，而且也可以让自己感到愉悦。上海师范大学曾对450名学生展开调查，有84%的被调查者认为“公正”是“教师工作重要的职业品质”，92%的人认为，“偏私和不公正”是“最不能原谅的教师品质的缺陷”。2015年中国教育科学院学者高慧斌进行的一项调查，其结论几乎相同。有近80%的学生和近70%的学生家长认为公正是教师最应具备的职业品质。[①] 英国教育家沛西·能明确指出：“一个明显的结论是，要是师生之间缺乏共同的情感，没有一个学校集体的道德情况会是健康的。要有共同的情感，一个教师必须在他成人的精神中，保持着对年轻人的爱好和热情纯真的同情心。假装有同情心是不够的，因为没有一种弱点会比情感的不真诚更加容易被发觉，并且没有一种东西会那样肯定地导致不信任和嫌恶。一

---

① 参见袁振国：《隐性教育公平透视》，《光明日报》2016年5月3日“教育周刊”版。

个人无论他怎样忠心耿耿于教育事业，要是他发现自然不给他这种永远年轻的天才，就应该把他的劳动转移到葡萄园的另一个角落。"①

瑞士教育家裴斯泰洛齐曾经用大量的实例阐述了关于爱的基本原理。他说：人类的爱、感激和信任等感情是如何在人的本性中产生的呢？人的服从行为又是如何产生的呢？它们主要源于婴儿与其母亲之间的关系。母亲出于动物的本能照料孩子、喂养孩子，保护孩子。她努力满足孩子的需要，排除任何可能让孩子感到不愉快的事情。孩子无力自理，她就来帮助他。孩子得到母亲的关怀便感到快乐。爱的情感便在孩子的心里萌生。如果把一件孩子从未见过的东西放在他面前，他就会惊奇，甚至产生恐惧，于是，他就哭。母亲把他紧紧地搂在怀里，爱抚他，转移他的注意力，孩子就停止了哭泣。当这件东西再次出现时，母亲把他搂在怀里，微笑地看他。这次他便不再哭泣，他会用清澈明亮的眼睛回答母亲的微笑。信任的感情便在他心里萌发。孩子需要什么，母亲就赶忙来到摇篮边。孩子饿了，母亲就给他喂饭；孩子渴了，母亲就给他喂水。听到母亲的脚步声，孩子就安静下来。看见母亲，他就伸出双手。在他看来，母亲和满足完全是一回事。于是，爱、信任、感激的萌芽很快成长起来。这就是道德的自我发展的基本原理，这些原理是在母

---

① ［英］沛西·能：《教育原理》，人民教育出版社2005年版，第165页。

亲和孩子之间的自然关系中展现出来的。裴斯泰洛齐关于爱的基本原理同样适用于今天的大学教育。爱可以改变一切。有了爱，教育就有了意义；没有了爱，教育就失去了意义。

由于诸多条件的变化，在现在的教学中，管理因素越来越多，规范要求越来越严，但应该给予学生的体谅和关心却越来越少；在给予的体谅和关心中，形式的因素越来越突出，实质的因素却越来越弱化。从教育心理学来看，教学不能过于拘泥于经常性的监督，管理一定要隐含于教育本身而不被注意。管理不属于教育。管理的本义是维护秩序，但在教育领域内却不可避免地成为秩序混乱的根源。我们最应该警觉的是，对学生成长有害的事情，就是教师习惯于管理。从心理学上讲，一种监督，对于监督者与被监督者都是一种负担。在监督过程中，双方都易于以粉饰相结合，希望一有机会就摆脱这样一种局面。同时，监督的需要随着监督使用的程度而增加；到了最后，每一间断的时刻都会充满一种危险。进一步说，监督还阻止我们认识自己。在经常监督的压力之下，学生很难培养出创造能力、果敢精神以及自信行为。因此，德国学者雅斯贝尔斯指出："我们应该警惕一种走向极端的倾向，即控制变成了人对人行为的约束而使教育的爱落空。"① 真正的体谅和关心不是体现在管理中，而是

① ［德］雅斯贝尔斯：《什么是教育》，生活 · 读书 · 新知三联书店 1991 年版，第 6 页。

体现在日常学习生活的细节里。比如对学生说一句体贴的话语，向学生传递一个关心的眼神，向学生表达一个关爱的动作，这些都足以在学生的心灵深处留下难忘的印记。

7.3 爱是对人性的尊重

中外著名教育家，从孔子到陶行知，从卢梭到马卡连柯，无不倡导对人性的尊重。孔子在教育思想上讲"仁爱"，在教育对象上讲"有教无类"，在教育方法上讲"因材施教"，在教育态度上讲"仁爱为本"。可以说，仁者爱人，仁师爱生，是教育的"常道"。比照中外著名教育家的思想，我国教育家夏丏尊认为："学校教育到了现在，真空虚极了。单从外形的制度上、方法上，走马灯似更变迎合，而于教育的生命的某物，从未闻有人培养顾及。好像挖掘水池，有人说四方形好，有人又说圆形好，朝三暮四地改个不休，而于池的所以为池的要素的水，反而无人注意。教育上的水是什么？就是爱。教育没有了爱，就成了无水的池，任你四方形也罢，圆形也罢，总逃不了一个空虚。"①《麦田守望者》是美国作家塞林格的名著，小说述说了主人公霍尔顿不得意的中学生活，求学时遭遇的种种郁闷使得主人公极度向往并设

① ［意］德亚米契斯：《爱的教育》，译林出版社 2011 年版，夏丏尊译者序言。

想了心中的理想教育，这可以从他最后谢幕时说的一番话得知："不管怎样，我总是在想象，有那么一群小孩子在一块麦田里做游戏。几千几万个小孩子，附近没有一个人——没有一个大人，我是说——除了我。我呢，就站在那悬崖边。我的职责是在那儿守望，要是有哪个孩子往悬崖边奔来，我就立即提醒他、劝告他。我整天就做这样的事。我只想当一个麦田里的守望者。"教育精神需要"麦田守望者"的精神。当教育传达出对学生的尊重和信任时，唤醒的就是学生的向学之心和向善之志。

7.4 教学：既是专业工作也是一门艺术

所谓教学，既是教师讲授和证明系统知识的过程，也是一种态度的传递过程。大学教师"所面对的不再是小学生，而是成熟、独立和精神已有所追求的年轻人。大学教师应以身作则，指导学生，让他们学习刻苦钻研的精神。如果想把大学教师当作教书匠的话，那就大错特错了"①。德国教育家第斯多惠就坚定地认为："教师只有诚心诚意地自我教育，才能诚心诚意地教育学生。"② 教授不仅是讲解者，还要

---

① ［德］雅斯贝尔斯：《什么是教育》，生活·读书·新知三联书店 1991 年版，第 145 页。

② ［德］第斯多惠：《德国教师培养指南》，人民教育出版社 2001 年版，第 24 页。

充当多种角色，比如教练、向导和角色模范等。因此，美国学者罗德斯认为："一位伟大的教授的品质就是通过他在教学中的表现展示出来的。"①

实施成功的教育需要多种条件，包括关心、爱护、鼓励、信任，在相互欣赏中感受到彼此存在的意义。学生智力生活的一般境界和性质，在很大程度上取决于教师的精神修养和兴趣，取决于教师的知识渊博和眼界广阔的程度。对此，捷克斯洛伐克教育家夸美纽斯提出了教师应具备的基本条件：一是拥有教导他人的能力，因此必须经过专业训练；二是知道如何教导他人，所以方法必须独到；三是应有乐业敬业的心态。如此师生之间才能产生一种相互关爱的"自愿性"行为。② 梅贻琦先生指出："课程以外之学校生活，即属于训导范围之种种，以及师长持身、治学、接物、待人之一切言行举措，苟于青年不无几分裨益，此种裨益亦必于格致诚正之心理生活见之。"③ 巴西教育家弗雷勒则情深意切地指出："教学是一种职业，特殊的任务、特殊的战斗（鼓励学生）以及实施的特殊的要求。"④ 好的教师会教学生或帮助学生发现自己，告诉他们各种各样的事物，如思想是什么

---

① ［美］罗德斯：《创造未来：美国大学的作用》，清华大学出版社 2007 年版，第 82 页。

② 参见林玉体：《西方教育思想史》，九州出版社 2006 年版，第 254 页。

③ 梅贻琦：《中国的大学》，北京理工大学出版社 2012 年版，第 3 页。

④ ［巴］弗雷勒：《写给胆敢教书的人》，江苏人民出版社 2007 年版，前言。

和怎样去思想、知识是什么和怎样去创造知识，同时还要通过鼓励学生、训练学生、激发学生的潜力，让学生沉浸在卓有成效的学习和研究的状态中。

德国学者雅斯贝尔斯认为："教师应该唤醒人的潜在的本质，逐渐自我认识知识，探索道德。"① 还有学者指出："教育是通过人的主动性来实现的，教育应牢牢地钉在主动性上。"② 在教学过程中，出色的教师是让学生成为"主动学习者"。有知识不一定会教学，即使会教学也不一定会育人。知识不是教会的，而是学生自己学会的；能力不是传授的，而是学生自己炼成的；智慧不是赋予的，而是学生自己感悟的。学习是学生自己亲力亲为的事情，任何人无法替代。因此，法国思想家卢梭才如是说："教育的目的不在于教学生多少学问，而在于激发和培养他对知识的兴趣，如果他的这种兴趣很好地培养出来，我们就可以继续教给他研究科学的方法。显而易见，这才是好的教育的基本原则。"③

教学就是通过引导学习者对问题或知识体系循序渐进的学习来提高学习者在学习中的理解、转换和迁移能力，帮助学生通过自己的努力去建构自己的知识体系。日本学者佐藤正夫指出："科学知识不能靠灌输现成知识的方法去掌握，

---

① ［德］雅斯贝尔斯：《什么是教育》，生活 · 读书 · 新知三联书店 1991 年版，第 9 页。

② 转引自［德］第斯多惠：《德国教师培养指南》，人民教育出版社 2001 年版，第 21 页。

③ ［法］卢梭：《爱弥儿》，武汉大学出版社 2014 年版，第 104 页。

诸如死背定义、法则的方法。因为在这种情形下，学生并不理解该词语所蕴含的意义，即不理解现实的事物、过程与事实之间的关系，而只能获得脱离实际的形式知识，即单纯由语言表达的知识。这种知识是不能在生活中加以利用的死知识，只会在学生意识中造成无益的负担。"① 有统计表明，当下，一个星期的《纽约时报》所包含的信息量，已经远远超过 18 世纪一个人在一生中所能够接触到的信息量。这足以表明知识的更新速度有多快！无论教师教得多么辛劳，学生学得多么辛苦，结果却可能是学生在学校所学习的专业知识，到毕业的时候已经过时。因此，与其单纯教给学生知识，不如教学生掌握"批判性的思维"。对学生而言，重要的不是是否知道什么，而是能否知道如何寻找需要的知识；只有掌握了后者才能实现终生学习。

① ［日］佐藤正夫：《教学原理》，教育科学出版社 2006 年版，第 265 页。

8. 大学师生的“从游”关系

学校犹水也，师生犹鱼也，其行动犹游泳也，大鱼前导，小鱼尾随，是从游也，从游既久，其濡染观摩之效，自不求而至，不为而成。

—— **梅贻琦**

近年来，关于大学师生关系的议论常见诸于报端，这表明社会对大学师生关系变化的关注。那么，是何种缘由导致了大学师生关系的变化，又如何看待这些变化以及如何应对这些变化呢?

8.1 梅贻琦先生的“从游”论

大学师生关系主要是以教学活动为载体形成的。在教与学的双向互动中，教师是引领者，故称为导师；学生是习得者，通过跟教师习得知识和方法以及接受人格熏陶而获得发展的能力。据说，在古希腊的雅典学院，教师与学生之间的关系就可以用“亦师亦友”来形容。① 梅贻琦先生在《大学一解》中曾经这样形容：“学校犹水也，师生犹鱼也，其行动犹游泳也，大鱼前导，小鱼尾随，是从游也，从游既

① 参见吴军：《大学之路》（上），人民邮电出版社 2015 年版，第 6 页。

久，其濡染观摩之效，自不求而至，不为而成。”

大学师生之间的“从游”关系，是大学师生关系的实质。梅贻琦先生所说的“从游”关系，意味着教师与学生的关系非常贴近“熏陶”这个词，彼此之间疑义相析，教学相长。正是有了这样一种“从游”关系，教学活动才呈现出一个美妙的生命互动过程，教师展示生命的魅力，学生舒展生命的活力。怀海德认为：“大学的存在就是为结合老成与少壮以从事创造性之学习，而谋求知识与生命热情的融合。”① 陶行知先生也有类似的说法：“说得正确些，先生创造学生，学生也创造先生，学生先生合作而创造出值得彼此崇拜的活人。”② 北京理工大学校长胡海岩院士亦强调，在大学中，教师与学生的目标取向应该高度一致，即教师的工作必须能够促进学生成长，学生的求学亦可提升教师的学术水平。③ 用北京大学校长林建华的话说，大学教育应该成为“师生共同探索、发现和创造之旅”。④

---

① 金耀基：《大学之理念》，生活 · 读书 · 新知三联书店 2008 年版，第 22 页。

② 桃冬梅：《学生是教育对象更是教育资源》，《光明日报》2015 年 8 月 4 日“教育时空”版。

③ 胡海岩：《“学”比“大”更重要》，《光明日报》2015 年 11 月 10 日“人才”版。

④ 林建华：《什么是成功的大学教育》，《光明日报》2015 年 12 月 15 日“高等教育”版。

8.2 教学环境的变化

然而，大学师生之间这样一种“从游”关系却在近年出现了一种反向“游离”的倾向。大学师生关系为何会出现这样一种状况？究其缘由，还要从教学环境的变化说起。

一是校园环境的变化。从理论上讲，保持宁静是大学的本质要求。在宁静的校园，教师潜心从事教学活动，学生静心吸收知识给养。然而，大学又不是孤岛，大学存在于一定的社会环境之中。社会环境的任何变化都会扩染到大学，比如社会的变化对校园的拉扯，无论对师生也好，对学生也罢，都产生了强大的外引力。教师或忙于科研项目，或疲于应对各种社会活动；学生或忙于求职事宜，或疲于应对各种竞聘或资格考试。大学师生之间的靶向出现分离，亲近感自然趋弱。

二是技术条件的变化。教学过程是学生品读教师的过程。在教学过程中，教师如果能够带给学生思想的启迪、成功的体验、自尊的满足，学生就会感受到学习过程的愉悦和美好；如果学生为教师娴熟的公式推导、潇洒的背诵或深邃的思想所折服，也会油然产生对教师的敬畏感，进而转化为对知识的渴求。这样，教师在学生的欣赏中获得了愉快的教学体验，学生在对教师的欣赏中获得了愉快的学习体验。在这种相互认同的愉快互动中，达到了最好的教学效果和最佳的学习效果。常言道：仰之弥高，钻之弥坚。然而，由于技术条件的变化，现在的许多教学活动依赖课件，教师成为课件的演示者，学生成为课件的观看者。教师囿于讲台，忙于人机对话，忽视了与学生的情感交流和心灵互应，课堂气氛稀松清冷，教师对学生的感染力和感召力趋向弱化。

大学师生关系是一种非凡的人际关系，对于大学人才培养具有重要意义。可以说，良好的师生关系是大学教育的基石。对大学来说，大学正处于新的历史发展时期，我们应该通过反思大学师生关系中存在的问题，切实把握教育教学中存在的症结，重构充满生机活力的教育教学体系，重新构建融洽的大学师生关系；对学生来说，不应成为消极的看客，而应成为积极的参与者。在大学里，我们必须是一个自立的有才能的自我驱动者，以最大的努力取得最好的成绩。这样，在教与学的过程中，我们与教师形成一种共生关系，共学共进。

如此这般，我们就会慢慢感觉到，通过系统知识的学习，我们逐渐天庭生智，不仅掌握了更多的理论，了解了许多先前没有感知的道理，理解了许多事物运行的机理，而且形成了分析问题和化解矛盾的思维能力。当社会上有人认为我们还是一介书生的时候，甚至我们自己还以为自己远离了社会的时候，我们恰恰是在以一种特殊的方式接近这个社会，甚至在超越这个社会。

8.3 为师不易，责任重大

教育实现着一个国家的承诺。美国总统奥巴马在为2016年美国“国家年度教师”的颁奖致辞中，高度认同了肯尼迪总统曾经说过的一段话：“一个国家的发展不可能比我们在教育上的进步更快。”接下来，奥巴马说：“七年来，我与美国最杰出的公职人员、企业的创新者、社会人士、运动员，以及最杰出的艺术家站在这里。但是，我不得不告诉你们，更让我感到骄傲的时刻是与我们国家最杰出的教育工作者站在一起。”①

教师是教育中最核心的因素。没有好的教师群体，就不可能培养出高质量的优秀人才。作为一个职业，教师的责任十分重大；作为一个个体，教师也是生活在现实社会中的人。教师如同所有的人一样，需要生存，需要发展。根据英国健康与安全管理局2008年公布的一份报告显示，教育已经成为英国五大压力行业之首。压力主要来自于应付工作、规章制度、人际关系和外界挑战。② 因此，社会需要给予教师更多的体谅和关心，让教师有尊严感、有轻松感、有愉悦感，形成社会爱护学校、学校爱护教师、教师爱护学生的良

---

① 《美国总统奥巴马2016年“国家年度教师”颁奖致辞》,《中国教育报》2016年5月17日“环球周刊”。

② 参见《中国教育报》2008年4月15日“国际教育”版。

性循环的局面。

北京大学秦春华教授认为，教师是特殊职业，应该为教师提供稳定丰厚的收入，让他们能够维持相对高水平的生活水准，同时为教师提供宽松的外部环境，让他们尽可能从容地思考和创造，给予教师较高的社会地位，受人尊重，让教师获得心理上的满足感。① 强国必先重教，重教必须尊师。德国学者雅斯贝尔斯指出：“一个民族的未来如何，全在于父母教育、学校教育和自我教育。一个民族如何培养教师，尊重教师……这些都决定了一个民族的命运。”② 可以说，体谅和关心教师，就是体谅和关心我们自己的孩子，就是体谅和关心我们民族和国家的未来和希望。

---

① 参见秦春华：《谁应当做教师?》，《光明日报》2016 年 3 月 22 日“教育周刊”版。

② ［德］雅斯贝尔斯：《什么是教育》，生活 · 读书 · 新知三联书店 1991 年版，第 54 页。

清華園

9. 心灵的攀登：通识教育的至高目的

专业划分其利固在于专精之研究与学习，其弊则为使知识或人类经验过分割裂与孤立。由于专业隔阂，学生习得的知识，仅限于人类知识整体中的一小部分，不能顾及全体人类智慧的经验。这种倾向侵蚀了大学在智力探求上的理想，违反了大学崇高的教育之目的。

——［美］赫琴斯

9.1 学科（专业）教育的局限

关于学科，英国教育家纽曼这样回答："心智借助于这些各种各样的局部观点或抽象的概念来寻求自己的目标，这些观点或抽象概念被称为学科。它们各自包含了知识领域或大或小的部分。"① 大学教育，自古分科；学业专攻，无可置疑。正是因为有了学业专攻，才不断推进了专业化的深度发展。然而，这种将整体知识化整为零的做法，也形成了"在河不见岸、在岸不见流"的内生缺陷，导致了知识的支离破碎，进而产生了诸多负面影响：一是自筑小院，造成学科（专业）的封闭性，不同学科（专业）如隔行隔山，难以相互沟通所见所学，结果导致孤陋寡闻；二是自挂门牌，造成思维的狭隘性，不同学科（专业）如盲人摸象，难以相互借鉴所知所想，结果导致智力孤立；三是自以为是，造

① ［英］纽曼：《大学的理念》，贵州教育出版社 2003 年版，第 65 页。

成性格的褊狭傲慢，不同学科（专业）如患上顽疾，难以相互交流学术思想，结果导致纷争乱结。换言之，将整体知识化整为零的做法，越来越脱离了我们的初衷，让许多人失去了拥有广泛好奇心的可能，只是局限于自己的条条框框，难以进行横向思考，难以将一个领域的新发现运用到另一个领域，其结果与大学的使命渐行渐远。

事实上，纽曼早已注意到这样一种现象。他指出："献身于某一学科或者某一类学科，而排斥其他学科的人都会犯这样的错误。他们必然会成为既顽固又轻率的人，一方面，蔑视任何不属于他自己事业的原则和既定事实，另一方面，又想在没有其他领域帮助的情况下影响每一件事。"① 美国学者赫琴斯亦认为："专业划分其利固在于专精之研究与学习，其弊则为使知识或人类经验过分割裂与孤立。由于专业隔阂，学生习得的知识，仅限于人类知识整体中的一小部分，不能顾及全体人类智慧的经验。这种倾向侵蚀了大学在智力探求上的理想，违反了大学崇高的教育之目的。"② 从学术性来看，倘若我们缺失了整体观念，不能以广阔的视野理解我们所面对的世界，也就失去了对客观事物的整体判断。结果，我们难以对"过去"作出正确的解释，难以对"现在"作出合理的判断，难以对"未来"作出可信的预见；从个体

① ［英］纽曼：《大学的理念》，贵州教育出版社 2003 年版，第 68 页。

② 转引自黄坤锦：《美国大学的通识教育》，北京大学出版社 2006 年版，第 13 页。

性来看，倘若我们没有了全局观念，也就失去了对客观事实的科学把握。结果，我们或是纠缠于某些特殊性、或是武断地用概念剪裁事实①、或是试图将自己理解的知识作为议论和评价事物的标准，时间愈久，就愈会感到“纷乱”和“烦扰”，进而失去了对自己所从事的事业的信心和恒心。比如在行车中如果遇到交通堵塞，我们很难了解何处是出路，或焦急等待，或左突右支。如果身置高处，就会统揽全局，一目了然。许多生活中的事情亦是如此。在尚未把揽全局的情况下，我们采取的措施越多，可能衍生的矛盾越多，结果可能越事与愿违。

9.2 三大知识领域的相互平衡

在真实的世界中，整体与局部、人类社会与自然世界是相互联系的，彼此之间并不存在泾渭分明的边界。在纽曼看来，一切知识都是相互关联的。他这样写道：“真理是任何类型知识的目标。当询问真理意味着什么的时候，我想应该回答，真理意味着各种事实和它们之间的关系，这二者的关系就像逻辑上的主语和谓语一样。在由人类心智进行思考时，所有存在着的一切构成了一个大的体系或事实复合体，

---

① 用斯宾塞的话说，就是“迷信知识的符号，而不去探求知识本身。”参见［英］斯宾塞：《教育论》，人民教育出版社 1962 年版，第 24 页。

而这个体系又可分解为无数具体的事实，作为一个整体的各个组成部分，它们彼此之间又会有各种各样无穷的关系。知识就是对这些事实的领悟，或是在它们自身之中，或是在它们的相互位置和关联之中来领悟。并且，由于所有这些合在一起形成了思想的一个完整主题，所以在各部分之间不存在任何天然的或是真正的界限，一个部分会渗透到另一个部分之中。”① 他还指出：“心智的真正扩大，是这样一种能力，即，同时把许多事物视为一个整体的能力，分别把它们归入在宇宙系统中的真正位置的能力，理解它们各自的真正价值的能力，以及确定它们的相互依赖性的能力。”② 爱因斯坦也十分强调人文和科学之间的相反相成的关系，认为“科学没有宗教就像瞎子，宗教没有科学就像聋子”。在爱因斯坦的思想中，宗教的力量就是人文的力量。强调科学精神和人文精神是一个人为的划分，而不是世界的真实图景。

从狭义上讲，人文学科、社会科学和自然科学三大领域都有各自的研究对象；从广义上讲，人文学科、社会科学和自然科学三大领域都以其特有的价值理性的导向功能和工具理性的实效功能，提炼升华着人类文明的发展理念，探索梳理着人类社会的发展道路，涵养培育着人类自身的发展方向。尤其是伴随现代社会的发展，人文学科、社会科学和自

---

① ［英］纽曼：《大学的理念》，贵州教育出版社 2003 年版，第 64 页。

② ［英］纽曼：《大学的理念》，贵州教育出版社 2003 年版，第 132 页。

然科学三大领域已经构成了一个重叠、交叉的网络状态，既相互独立，又相互联结；既各自深化发展，又互动互融。于是，“所有的知识形成了一个整体，因为它的主题内容是同一的。因为宇宙在其广度与深度上是紧密地交织在一起的，以至于无法将一个部分同另一个部分、一个活动同另一个活动截然区分开来”。“在学科体系中对任何一门学科的忽略，都会损害知识在总体上的精确性和完整性。”① 我国学者胡娟亦认为：“学科划分的价值在于帮助人们更好地根据知识自身的规律传承知识和发展知识，而不是形成知识的堡垒和知识之间的隔阂，甚至有意无意地造成强势学科对弱势学科的话语霸权。”② 美国学者皮尔逊曾举过的一个事例，来进一步说明整体与分工之间的关系。他认为，今天的任何专家实际上几乎都不是在他自己的比较狭小的领域所做的一切工作的主人。事实及其分类以这样的速率积累着，以致似乎没有人有空去辨认子群与整体的关系。情况仿佛是，在单个工人把他们的石料运到一个建筑跟前进行堆砌和加固，但却不注意任何总设计或其他人的工作；受到注意的，只是某个人放置角石的地方，于是建筑物在这个比较牢固的基础上迅速地耸立起来。这个建筑物的比例超越了任何一个人的认识范围，

① ［英］纽曼：《大学的理念》，贵州教育出版社2003年版，第68—69页。

② 胡娟：《如何认识和评价世界一流学科》，《光明日报》2016年3月29日“教育周刊”版。

可是它还是具有它自己的对称和统一。而这种对称和统一则在于科学方法。①

其一，人文学科是以人类的精神世界及其积淀的精神文化为研究对象的，关心的是人类社会的价值追求问题，即以自我反省、自我认识和自我觉悟的理性方式，表达对人类社会价值的思考、对人类理想的追求、对人类命运的关切。比如哲学研究是用意识、思想、感觉定义主观经验，对永恒和变化进行调和；文学研究是用感情、愿望、欣赏想象物理存在，对人类社会进行抚慰；历史研究是从既往历史发展中寻找有益经验和揭示历史发展的规律。人类文明离不开人文的滋养与丰润。诚如 2008 年诺贝尔文学奖获得者，法国作家勒克莱齐奥在评价文学功能的时候指出："回顾世界文学历史，便会发现文学不是任何痛苦的解药，也从未能为我们抵挡生存的威胁。可每当感到需要的时候，文学却总能成为有力的杠杆，给人力量，去为正义而斗争；给人希望，去争取更加美好的生活。虽然不乏矛盾，虽然并不完美，文学却恰恰以其表现出的人性让我们坚定信念，为我们指出未来的道路。"②

其二，社会科学是以人类社会为研究对象的，考究的是纷繁复杂的社会现象及其诸多表现，进而探索和发现人类

① 参见［美］皮尔逊：《科学的规范》，华夏出版社 1999 年版，第 15 页。

② ［法］勒克莱齐奥：《文学与人生》，《新华文摘》2016 年第 8 期。

社会及其诸领域的发展规律。社会科学关心的是人类社会的现行活动（历时的）及关系（共时的）问题，这些问题的现实存在，并不是时态上的，可能是过去遗留的（历史上的），也可能是正在发生的，还可能是预先筹划的（预测的），其目的是为理清现象、分析因果、设计对策、解决问题。伴随现代社会的发展，许多前所未有的复杂问题一直困扰着我们，因此，社会科学获得了快速发展。无论国家也好、社会也好，还是个人也罢，都需要社会科学的研究成果给予指导和帮助。

其三，自然科学强调的是对物理现象的追求，关心的是自然事实的问题，即通过对自然事实的研究，试图解释自然界、人类社会的生活方式以及一切威胁人类福祉和生存的各种问题。自然科学所运用的表达方式，是用抽象、推理、概念反映具体事实。

我国学者梁漱溟认为事物本来通达无碍。“有碍，是自己给自己设了妨碍，原来是可以不必的。”① 可以说，人文学科、社会科学、自然科学三大知识领域，或同源而生、或彼此毗邻、或相互关联，三者之间具有许多共通性：一是就宗旨来看，人文学科、社会科学、自然科学三大知识领域都是生命主体认知世界的不同范式，是生命追求超越的本性所

---

① 参见［美］艾恺：《这个世界会好吗？——梁漱溟晚年口述》，外语教学与研究出版社 2010 年版，第 15 页。

在，更是生命活动的体现；二是就价值而言，作为生命主体所探求的活动，自然科学无法完全与价值无涉。在自由探索的初期阶段，自然科学虽以价值中立为标榜，但灵感、兴趣等因素同逻辑推理一样，是自然科学发展不可或缺的组成部分。当自然科学发展到社会建制化阶段，相对于个人兴趣，自然科学更多表现为一种社会事业，特别是在成熟阶段，自然科学活动中涉及人之理性之外的因素更为显著；三是就认知世界的方式而言，人文学科、社会科学、自然科学都富有求真精神；四是就方法而言，作为主体认知世界的方法，人文学科、社会科学、自然科学也可融通。① 随着学科交流和渗透，学科间范式相互借用，科学与人文的分化与融合不断演化，形成新的学科，如科学哲学、科学技术史、科学社会学等都是这种演化的产物。

人文学科、社会科学和自然科学这三大领域是人类文明的基础，其重要性不言而喻。智慧根植于博学之中。英国哲学家培根指出“知识能够塑造人的性格”。他认为：“读史使人明智，读诗使人聪慧，演算使人精密，哲理使人深刻，道德使人高尚，逻辑使人善辩。”我国数学家丘成桐亦认为：“数理之与人文，实有错综交流的共通点。”② 无论在西方或

---

① 参见江文富、邱龙虎：《生命文化：科学与人文的和洽之道》，《光明日报》2016 年 2 月 17 日“学术”版。

② 丘成桐：《数学与文学的共鸣》，《光明日报》2016 年 1 月 14 日“光明讲坛”版。

是在中国，科学的突变或革命都是以深刻的哲学思想为背景的。科学从来都是与文化相连，并以文化的生态发展的。人们都知道的达芬奇、爱因斯坦皆是文理兼通。爱因斯坦还曾经与印度著名诗人泰戈尔进行过关于艺术与科学的对话。他认为，“量子力学”和“混沌理论”等很多领域的发现和探索都得益于艺术的启发和顿悟。“科学一旦失去了文化的内核，就会退却生活质感和心理张力，科学也就失去了光彩。”① 因此，在人文学科、社会科学和自然科学三者之间，别说谁重要，谁不重要；虽然三者各有各的作用，但在最高境界上，都是大道归一、万流归宗。

9.3 通识教育的思想源流

在中国教育发展史上，自古就崇尚博学多识和融会贯通。蔡元培担任北京大学校长期间就要求将“文”与“理”沟通起来。他认为，文理两科“彼此交错之处甚多”，一定要“破学生专已守残之陋见”。他在《北京大学月刊》发刊词中指出：“治文学者，恒蔑视科学，而不知近世文学，全以科学为基础；治一国文学者，恒不肯兼涉他国，不知文学之进步，亦有资于比较；治自然科学，局守一门，而不肯稍

---

① 陆启成：《还原科学教育的人性之美》，《中国教育报》2016 年 2 月 25 日“教育科学”版。

涉哲学，而不知哲学即科学之归宿，其中的自然哲学一部，尤为科学家所需要；治哲学者，以能读古书为足用，不耐烦于科学之实验，而不知哲学之基础不外科学，即最超然之玄学，亦不能与科学全无关系。”在蔡元培校长“融通文理”思想的感召下，当时的北京大学化学教授王星拱开设了一门兼容文理的课程——科学概论。他认为：“自孑民先生到北京大学之后，大学里的各部分都极力革除‘文理分驰’的弊病：因为文、理不能沟通，那文学哲学方面的学生，流于空谈玄想，没有实验的精神，就成些变形的举子了。那科学工程方面的学生，只知道片段的事实，没有综合的权能，就成些被动的机械了。这两种人才，都不能适应将来世界之环境。”① 梅贻琦在清华大学期间也系统地提出了通识教育的理念。他认为：“有人认为学文学者，就不必注意理科，习工科者就不必注意文科，所见似乎窄小一点。学问范围务广，不宜过狭，这样才可以使我们对于所谓人生观，得到一种平衡不偏的观念。”② 因此，他主张“通识为本，专识为末”③。

在西方传统教育实践中，也很推崇博学多识和融会贯通。英国科学家赫胥黎强调应该把一种完整的和全面的科学文化引入到一切学校。他说，在一个理想的大学中，每个人

① 参见孙小礼：《蔡元培的“融通文理”思想》，《学习时报》2009 年 8 月 6 日。

② 梅贻琦：《中国的大学》，北京理工大学出版社 2012 年版，第 19 页。

③ 梅贻琦：《中国的大学》，北京理工大学出版社 2012 年版，第 8 页。

都应该得到各种知识的教育。“单纯的科学教育确实与单纯的文学教育一样，将会造成理智的扭曲。”① 美国康奈尔大学在一份宣传材料中这样说：“从本质上说，通识教育强调不同模式的推理能力、清晰而优雅的书面和口头表达能力、组织能力、宽容与灵活的品性、创新能力、对道德和审美的敏感……”②

9.4 专精与通博的统合

通识教育古已有之，今天重新提出是时代发展使然，是教育现状使然。伴随着现代社会的进步，科学发展一方面越来越分化，另一方面越来越综合，而总的趋势是综合。兼备文理知识的人，无论是就业或转岗，还是组织能力及交往能力方面都具有优势。许多科学家都提倡文理兼容，我国科学家钱学森就说过他的成就得益于音乐。美国著名科学家朱棣文，本科学的是数学，因为喜欢做实验，后来改读物理，他获得诺贝尔奖的工作，其实是他 40 岁以前就完成的，而后他的兴趣开始转移到了分子生物学上，在斯坦福大学领导并直接从事非常基础的生物学研究。美国学者克尔指出：“为了应对我们面临的诸多挑战，更大程度的综合至关

① ［英］赫胥黎：《科学与教育》，人民教育出版社 1990 年版，第 106 页。

② ［美］罗德斯：《创造未来：美国大学的作用》，清华大学出版社 2007 年版，第 135 页。

重要……为获得新见解，解决新问题，就需要把思维方式迥异的学科人员和思想整合起来，这种趋势将持续下去。大学就需要搭建一个不断流动和变通的舞台。”①

通识教育在美国大学本科教育中具有举足轻重的地位。哈佛大学是世界上实施通识教育最成功的大学之一。20 世纪 70 年代，博克校长就受命研究制定哈佛大学本科生培养目标和课程，哈佛大学文理学院院长罗索夫斯基为“培养有教养的人”作了说明。进入 21 世纪，哈佛大学又出台了最新的通识教育方案。这个方案被认为是“适应新世纪的一个崭新的培养方案”。该方案将通识教育分为八大门类，其中包括：美学与阐释性理解、文化与信仰、经验与数学推理、伦理推理、生命系统的科学、物质宇宙的科学、国际社会、世界中的美国等。这里所列的八大门类，与技术性的课程没有多大的关系，都是理论性的课程，其中包括了像数学、生命科学这样的理论性课程，而且允许学生自由选课。可以说，允许学生自由选课的政策，是人才培养模式的颠覆性的变革。哈佛大学通识教育改革领导小组组长西蒙斯教授在强调这次改革重要性的时候，特别提出：“人文教育并非与现实生活相脱节，而是通向现实生活的一座桥梁。”

就目前来看，美国许多综合性大学的框架设计基本上

---

① ［美］维斯特：《一流大学，卓越校长》，北京大学出版社 2008 年版，第 57 页。

包括三个部分：(1) 主要承担教育功能的是“文理学院”(也叫“通识学院”或“博雅学院”)，一般讲授的是哲学、文学、历史学、宗教学、数学以及自然科学。其目的主要有两个：一是让具有不同学习目标的学习人了解共享的知识体系，二是培养全方位获取知识的能力。(2) 主要承担研究生培养的是研究生院，一般从事研究生的科学研究训练和科学研究工作。(3) 除了以上两部分外，还有专业学院，包括法学院、医学院、经济学院、商学院、工学院、农学院、教育学院、建筑学院、计算机学院等，负责为各个行业培养高素质的专门人才。

9.5 通识教育：本科教育的基石

通识教育是本科教育的基石。通识教育与目前普遍开设的“共同课程”不同（思想政治教育、外国语、心理学、就业教育、体育）。通识教育课程的设置主要是围绕特定的主题，根据所授课程的知识体系所涉及的领域，以相关的现象、问题、困惑、人类的挑战甚或当下的社会现实问题入手，将相近的学科知识重新编排，形成融合式的课程模块，并以这样的课程模块为载体实现跨学科融合，让学生在通识教育中学会思考、推理、比较、鉴别、分析，形成独立的判断力和深邃的思想见解。因此，通识教育课程的设置需要注意如下几点：一是通识教育应注重知识的寻根性，亦即追问在任何时代、任何变迁条件下，最基本、最不会变的东西是什么。基于此，通识教育首先要关注各学科领域的“元知识”。二是通识教育应注重知识的整体性，包括两个方面：其一是对人类各知识领域都要有所涉猎，其二是对某些特殊领域的知识应了解得比较完整。基于此，通识教育要求在知识传授中，一定要注意合理化知识结构的框架，给予学生更广阔的知识视野。三是通识教育应注重知识的建构性。也就是在知识学习的过程中要具有问题意识，注重问题导向，依据问题的解决路径逻辑地拓宽知识学习的领域，从而建构更加合理的知识结构。

通识教育培养的是智识能力，发展的是思考能力和理解能力。正如美国耶鲁大学雷文校长所指出的那样：“通识教育的真谛就是发扬批判性独立思考的自由，充分发挥人的聪明才智，摆脱偏见、迷信和教条主义的束缚。”①通识教育的标准应该包括：(1) 能够具有正确的思维方式和清晰的表达能力；(2) 能够对一般人文、社会、自然有批判性的了解；(3) 能够用广阔的视野省察现在的生活经验；(4) 能够了解和思考道德和伦理问题；(5) 能够在某一知识领域有比较深入的研究。②

通过通识教育，学生开始进入一种智识的状态，可以

① ［美］雷文：《大学工作》，外文出版社 2004 年版，第 17 页。

② 参见黄坤锦：《美国大学的通识教育》，北京大学出版社 2006 年版，第 25 页。

从事各种学科或者志业，或者任何别的他感兴趣的或要求他具备特殊才能的专业，而且他一旦做起来就会得心应手，优雅、灵活、马到成功，而这些对他人而言则难以做到。我们要以通识的精华来培育我们的青年，在健全的基础学习之中把抖擞的活力注入他们的精神，为日后进入专业学习打下广博的基础。

9.6 通识教育的目标：知类通达

通识教育的目的在于培养学生知类通达——知自然人文，通古今之事，进而通权而达变，通情而达理；通识教育的意义在于培养学生认识世界和理解世界的方式。诚如美国学者罗德斯所言："通识教育的目的不是让学生对所有的艺术领域都有一种零散的知识，而是让学生发展出一种生活的品位，一种对知识的热情，一种对问题进行有效思考的习惯。"① 这样，学生在获得专门知识的同时，也内在地建立起关于正确理解和把握人和自然、人和人、人和社会等基本关系的人文素养。正如耶鲁大学前校长雷文所说："为了为一个充满不确定性的未来做好准备，我们必须注意最基本的原则。我们不应狭隘地将精力集中于获取信息和培养技能，因

---

① ［美］罗德斯：《创造未来：美国大学的作用》，清华大学出版社 2007 年版，第 119 页。

为它们会过时而遭淘汰。我们可以用这四年时光来学如何学习、如何获取信息、如何培养技能。这就意味着要学会仔细倾听和研读、批判性地思考，揭开纷争乱结，分清真理和谬误。与狭隘的强化技能的教学方式相比，文理兼顾、内容广泛的通识教育更有利于培养上述能力。①

由于通识教育的目标广阔，既着眼于基础知识、鉴古知今、推理分析，又能培养学生的创造性思维，所以经过通识教育的学生的知识面之广，文化修养之深，学术根基之牢，都是单科教育体制下培养的学生所难以企及的。有调查结果显示，我国大学生的通识能力存在明显欠缺，成为大学毕业生无法适应岗位需求的两大弱项之一。事实表明，通识能力已经成为学生未来职业生涯中所必备的素质和能力。②近年来，我国的许多大学进行了通识教育探索，从争议走向共识。2015 年，北京大学、清华大学、复旦大学、中山大学成立“大学通识教育联盟”，推动我国通识教育迈向新阶段。国家“十三五”规划纲要亦强调，实行通识教育和专业教育相结合的培养制度，强化实践教学，着力培养学生创意创新创业能力。这一体现“国家战略意图”的发展理念，对于推进我国大学通识教育发展具有普遍的指导意义。

---

① 参见［美］雷文：《大学工作》，外文出版社 2004 年版，第 39 页。

② 参见阎光才：《我们的教育究竟缺什么?》，《光明日报》2015 年 1 月 5 日“教育周刊”版。

10.“智识之府”的文化气场

我在哈佛大学图书馆的一刹那，我想到，我应永远怀着在这里所获得的对于知识的谦卑态度走过自己的人生旅程，千万不要满足，千万不要以为自己知道得很多。大学应该是肃穆、宁静与虔诚的，是人类智慧心灵的一种必要的摇篮。

——刘再复

在我们的成长过程中，影响我们身心健康发展的因素有很多，其中文化环境是不可或缺的重要因素。发展大学优质教育，必须花费心力，营造优质的校园文化环境，让校园呈现一种“无言之美”，让校园发挥一种“无言之功”。

那么，大学校园文化应该突出怎样的特点呢？我认为大学校园文化应以“公共理性”为引领，着力突出这样几个特点：一是用创意、创新、创造，体现校园文化的理性品质；二是用精心、精细、精致，表达校园文化的精神追求；三是用友善、友爱、友好，展现校园文化生活的和谐氛围；四是用信用、信任、信心，凸显校园文化的简约特色。作为一所优质的大学，如果通过这样一种“四位一体”的校园文化建设——一种品质、一种精神、一种氛围、一种特色，就会孕育充满生命活力的“智识之府”的文化气场，透露出大学作为“非凡之地”的精神气息，彰显出大学“虽居于世俗，却与真理为伴；虽居于大地，却与宇宙相通；虽居于一隅，却与世界同行”的昂然气质。这样的校园文化气场一旦形成，在校园里，人们触目所读，便能油然产生一种尊严之感，由此而发挥巨大的内部聚合作用；在校园外，人们举目所望，便会油然产生一种心慕之情，由此而发挥重要的外部示范作用。

大学是"富于创造性的场所"。追求创意、创新、创造，乃是大学的灵魂。围绕这样一种理性品质，在学术研究与教学之外，大学还需要形成处处体现创意、创新、创造的校园文化气息，处处洋溢着这种理性品质的校园文化生活，借此滋润莘莘学子的创造精神，引领万千学人的卓越理想。

大学是"充满理性精神的地方"。追求精心、精细、精致，乃是大学的精神。围绕这样一种精神追求，在空间设计、意境表达、氛围烘托方面，就应该让校园的每一个物件都能够闪现出理性的光芒，让校园处处有符号、处处会说话，让校园成为一个精神的大课堂，让人们学而舒适，思而驰骋。

大学是"充满道德意识的地方"。体现向善、向爱、向上，乃是大学的内涵。除了研究知识和创造知识，大学还要将理性精神具化为一种宽容博大的人文情怀，在每一个工作环节或细节上，形成向善、向爱、向上的文化氛围。无论在宿舍、在食堂、在教室、在图书馆，都应该通过精心设计的各种"服务项目"，体现精心、周到、细致、体贴的服务精神，传递善意与友爱的人文情怀。

大学是"简约化的社会环境"。体现信用、信任、信心，乃是大学的特色。大学是剔除了许多烦琐复杂因素的简约化社会环境，大学里的人们具有自己特有的生活方式和行为方式。大学的各项制度设计更应体现“以人为本”的原则，大学治理既要“法治”，更要“善治”，用敬师爱生之心，行简约之道，以一种制度的善意表达对人性的尊重。就是说，大学的制度设计不应过于复杂，不能相互矛盾，更不能让广大师生感到压抑和困惑。比如芬兰的一些大学就将“信任”发挥到了极致。相信学生、尊重学生，是芬兰大学的基本教育理念。在芬兰的许多大学里，缺勤不等于偷懒，“留级”未必是差生，考试通不过不是罪过，实验不付费并非是偷盗，因此，也没有什么“记过”之类的纪律处分。①

总而言之，通过这样一种校园文化环境的设计，让大学成为一个有无数意义交集的符号丛结，让整个校园真正成为一个无形的课堂、科学的王国、诗人的天地、学者的家园。事实上，我们如果将这些符号建构起来，就是大学存在的全部意义。记得香港中文大学金耀基教授说过：我们生活在符号世界中。语言是符号，文字是符号，仪式是符号，艺术是符号。联想是符号的交光互影，也是一种跨地域的、跨时空的心灵活动。② 美国学者罗德斯指出：“大学不能让所有的学生都能够获得所有的成熟品质，但是，大学可以营造一种氛

---

① 参见谢崇桥：《芬兰：将“信任”发挥到极致》，《中国教育报》2016年6月3日“国际教育”版。

② 参见金耀基：《剑桥语丝》，中华书局2013年版，第143页。

围，在其中这些品质可以被培养出来。这种氛围不是靠一套预定的课程或一些学术要求，而是通过一天天的接触、相互理解的校园生活、高度的期望、丰富的经历、榜样的力量和充满活力的热情所建立的。”① 这样的校园文化氛围一旦形成，就会如同空气一样，无声无息地包围着我们，时时刻刻地浸染着我们，就像“无言”的精神召唤，让我们丢开世俗的诱惑，唤起我们跟踪人类先进足迹的欲望。诚如我国作家刘再复回忆自己在哈佛大学图书馆读书时的情景时所说：“我在哈佛大学图书馆的一刹那，我想到，我应永远怀着在这里所获得的对于知识的谦卑态度走过自己的人生旅程，千万不要满足，千万不要以为自己知道得很多。大学应该是肃穆、宁静与虔诚的，是人类智慧心灵的一种必要的摇篮。”②

---

① [美] 罗德斯：《创造未来：美国大学的作用》，清华大学出版社 2007 年版，第 117 页。

② 刘再复：《教育论语》，福建教育出版社 2012 年版，第 130 页。

参考书目

1. 曲士培：《中国大学教育发展史》，山西教育出版社 1991 年版。
2. 杨东平主编：《大学精神》，文汇出版社 2003 年版。
3. 张维迎：《大学的逻辑》，北京大学出版社 2004 年版。
4. 丁学良：《什么是世界一流大学?》，北京大学出版社 2004 年版。
5. 熊丙奇：《大学有问题》，四川出版集团 2004 年版。
6. 李醒民：《爱因斯坦》，商务印书馆 2005 年版。
7. 陈平原：《大学何为》，北京大学出版社 2006 年版。
8. 陈平原：《大学小言》，三联书店 2014 年版。
9. 陈平原：《大学有精神》，北京大学出版社 2016 年版。
10. 林玉体：《西方教育思想史》，九州出版社 2006 年版。

11. 黄坤锦：《美国大学的通识教育》，北京大学出版社 2006 年版。

12. 梁吉生主编：《张伯苓的大学理念》，北京大学出版社 2006 年版。

13. 程星：《细读美国大学》，商务印书馆 2007 年版。

14. 程星：《世界一流大学的管理之道》，北京大学出版社 2011 年版。

15. 费孝通：《乡土中国》，人民出版社 2008 年版。

16. 费孝通：《江村经济——中国农民的生活》，外语教学与研究出版社 2010 年版。

17. 金耀基：《大学之理念》，三联书店 2008 年版。

18. 金耀基：《剑桥语丝》，中华书局 2013 年版。

19. 宋文红：《欧洲中世纪大学的演进》，商务印书馆 2010 年版。

20. 林语堂：《美国的精神》，群言出版社 2011 年版。

21. 汪丁丁：《行为经济学讲义》，上海人民出版社 2011 年版。

22. 朱青生：《十九札：一个北大教授给学生的信》，世界图书出版公司 2011 年版。

23. 梅贻琦：《中国的大学》，北京理工大学出版社 2012 年版。

24. 刘再复：《教育论语》，福建教育出版社 2012 年版。

25. 易中天：《易中天中华史·奠基者》，浙江文艺出版社 2013 年版。

26. 余秋雨：《文化苦旅》，长江文艺出版社 2014 年版。

27. 吴军：《大学之路》（上），人民邮电出版社 2015 年版。

28. [美] 罗尔斯：《正义论》，何怀宏、何包钢、廖申白译，中国社会科学出版社 1988 年版。

29. [美] 伊斯顿：《政治生活的系统分析》，王浦劬译，华夏出版社 1999 年版。

30. [美] 斯塔夫里阿诺斯：《全球通史——1500 年以后的世界》，吴象婴、梁赤民译，上海社会科学出版社 1992 年版。

31. [美] 福山：《信任：社会美德与创造经济繁荣》，彭志华译，海南出版社 2001 年版。

32. [美] 帕森斯：《社会行动的结构》，张明德、夏遇南、彭刚译，译林出版社 2003 年版。

33. [美] 博耶：《关于美国教育改革的演讲》，涂艳国、方彤译，教育科学出版社 2003 年版。

34. [美] 雷文：《大学工作》，王芳、陆成东、高欢、齐海滨译，外文出版社 2004 年版。

35. [美] 杜德斯达：《21 世纪的大学》，刘彤、屈书杰、刘向荣译，北京大学出版社 2005 年版。

36. [美] 夏夫利：《政治科学研究方法》，新知译，上海人民出版社 2006 年版。

37. [美] 艾克敏：《布什总统的信仰历程》，王青山译，商务印书馆 2006 年版。

38. [美] 罗德斯：《创造未来：美国大学的作用》，王晓阳、蓝劲松等译，清华大学出版社 2007 年版。

39. [美] 莫顿、菲利斯：《哈佛走向现代：美国大学的崛起》，史静寰、钟周、赵琳译，清华大学出版社 2007 年版。

40. [美] 桑切克：《教育心理学》，周冠英、王学成译，世界图书出版公司 2007 年版。

41. [美] 斯腾伯格：《思维教学——培养聪明的学习者》，赵海燕译，中国轻工业出版社 2008 年版。

42. [美] 克尔：《大学之用》，高銛、高戈、汐汐译，北京大学出版社 2008 年版。

43. [美] 维斯特:《一流大学,卓越校长》,蓝劲松主译,北京大学出版社 2008 年版。

44. [美] 帕利坎:《大学理念重审》,杨德友译,北京大学出版社 2008 年版。

45. [美] 诺思:《理解经济变迁过程》,钟正生、邢华等译,中国人民大学出版社 2008 年版。

46. [美] 马斯登:《美国大学之魂》,徐弢、程悦、张离海译,北京大学出版社 2009 年版。

47. [美] 布瑞德利:《哈佛规则——捍卫大学之魂》,梁志坚译,北京大学出版社 2009 年版。

48. [美] 派克:《少有人走的路:心智成熟的旅程》,于海生译,吉林文史出版社 2009 年版。

49. [美] 洛西科夫:《当下的冲击》,顾宁、刘凡、李皓译,中信出版社 2013 年版。

50. [美] 俾耳德编著:《人类的前程》,于熙俭译,外语教学与研究出版社 2014 年版。

51. [美] 莫里斯:《文明的度量——社会发展如何决定国家命运》,李阳译,中信出版社 2014 年版。

52. [英] 斯宾塞:《教育论》,胡毅译,人民教育出版社 1962 年版。

53. [英] 洛克:《教育漫话》,傅任敢译,人民教育出版社 1963 年版。

54. [英] 洛克:《理解能力指导散论》,吴棠译,人民教育出版社 2005 年版。

55. [英] 皮尔逊:《科学的规范》,李醒民译,华夏出版社 1999 年版。

56. [英] 拉卡托斯：《科学研究纲领方法论》，兰征译，上海人民出版社 1986 年版。

57. [英] 赫胥黎：《科学与教育》，单中惠、平波译，人民教育出版社 1990 年版。

58. [英] 纽曼：《大学的理念》，邱立波译，贵州教育出版社 2003 年版。

59. [英] 边沁：《道德与立法原理导论》，商务印书馆 2005 年版。

60. [英] 沛西·能：《教育原理》，王承绪、赵端瑛译，人民教育出版社 2005 年版。

61. [德] 雅斯贝尔斯：《什么是教育》，邹进译，三联书店 1991 年版。

62. [德] 李凯尔特：《文化科学和自然科学》，涂纪亮译，商务印书馆 1996 年版。

63. [德] 韦伯：《社会科学方法论》，杨富斌译，华夏出版社 1999 年版。

64. [德] 第斯多惠：《德国教师培养指南》，袁一安译，人民教育出版社 2001 年版。

65. [德] 包尔生：《德国大学与大学学习》，张弛、郄海霞、耿益群译，人民教育出版社 2009 年版。

66. [德] 黑格尔：《黑格尔历史哲学》，潘高峰译，九州出版社 2011 年版。

67. [德] 费希特：《论学者的使命人的使命》，梁志学、沈真译，商务印书馆 2013 年版。

68. [法] 布罗代尔：《15—18 世纪的物质文明、经济和资本主义》，顾良译，三联书店 2002 年版。

69. [法] 霍尔巴赫：《健全的思想》，王荫庭译，商务印书馆 2006

年版。

70.［法］涂尔干：《道德教育》，陈光金、沈杰、朱谐汉译，世纪出版集团 2006 年版。

71.［法］卢梭：《爱弥儿》，成墨初、李彦芳编译，武汉大学出版社 2014 年版。

72.［意］德亚米契斯：《爱的教育》，夏丏尊译，译林出版社 2011 年版。

73.［意］莫斯卡：《政治科学要义》，任军锋译，上海世纪出版集团 2005 年版。

74.［日］森岛通夫：《透视日本——"兴"与"衰"的怪圈》，天津编译中心译，中国财政经济出版社 2000 年版。

75.［日］佐藤正夫：《教学原理》，钟启泉译，教育科学出版社 2006 年版。

76.［瑞］裴斯泰洛齐：《裴斯泰洛齐教育论著选》，夏之莲译，人民教育出版社 2003 年版。

77.［捷］夸美纽斯：《大教学论》，傅任敢译，人民教育出版社 1957 年版。

78.［澳］克里滕登：《父母、国家与教育》，秦惠民、张东辉、张卫国译，教育科学出版社 2009 年版。

79.［巴］弗雷勒：《写给胆敢教书的人》，熊婴、刘思云译，江苏人民出版社 2007 年版。

80. 联合国教科文组织国际教育发展委员会编：《学会生存——教育世界的今天和明天》，华东师范大学比较教育研究所译，教育科学出版社 2006 年版。

后　记

历时两年多的写作，终于键入完毕。此时，春天已经惠然而至。在这爽快的季节，我从爬“格子”的“压力山大”状态中释然，带着轻松的心情，重拾清晨校园漫步的习惯。当从吵闹的市街拔脱，切换到宁静的校园——蒲河校区，清爽的空气裹着怡人的气息扑面而来，直入心脾，令人神清气爽，胸怀通达。

清晨的校园，光明朗照，分外洋溢，呈现出一派万物昭苏的景象。漫步南环路，走过百余米的弯径，是一条笔直的道路。展目远望，颗颗翠树在微风的吹拂中挺立，片片碧草在清新的空气中舒展，簇簇花朵在和煦的阳光中婀娜。尤其是那几簇迎春花更是鲜嫩欲滴，烂漫耀眼，引人驻足。道路深处的映雪湖更是动人。纯净如洗的天空下，细柳环绕湖面，伴风媚舞；柔美的湖色春水，欢快的生命盎然其中。野鸭在湖面上悠闲戏游，鸟儿在树枝上嬉戏欢唱，松鼠在灌木丛中抚弄欢腾。不远处，工人正在修剪新绿。由被修剪的新绿爆表式地外溢出的浓郁清香，弥漫在空气中。只要嗅闻一下，便会勾连起体内迭迭的血脉流动，顷刻间浸漫了每一个细胞，宛如植入了快意软件，令人从心底里奔涌出一种愉悦淋漓的感觉。

大自然是人类最伟大的财富！每当我们宅身优容的自然环境，一切都显得那么意趣生动。天之所覆、地之所载、日月所照，谁亲近了大自然，谁就油然觉醒到自我的鲜活存在，谁就拥抱了一种思通无碍的怡悦，如同在天地间徜徉。记得卢梭在《爱弥儿》中这样描写大自然给他带来的美妙感受："在这样的清新、美丽的景色中，一种从心灵深处发出的透彻和愉悦游遍全身，这种感觉让人沉迷。所见所感足以荡涤我们的灵魂。"人与自然，相生相映。有蓝天，就油然生联想；有清爽，就油然生盎然；有绿草，就油然生情怀；有画意，就油然生诗情；有鸟鸣，就油然生沉醉。与自然相融，既可乐陶陶，亦可尽天真；人因自然而欢悦，自然因人而跃动。黑格尔如是说，自然是人类的出发点，因此需要人与自然两者之间"存在"的"调和"。这或许也是海德格尔所希望寻找的人与自然的原初关联性吧!

在湖畔一侧的小路上，犹如飞燕入园的学子，有的细声晨读，有的悠然踱步，有的抚琴轻歌。还有几个看来是即将毕业的同学，为了留住校园的记忆，身穿毕业服围绕在花丛中留影。这情形，恰似一幅“天地人”适然一体的和美图景，让我猛然记起20世纪80年代风靡全国的校园歌曲——《校园的早晨》[①]。这首歌词的原创地是崇山校区，它已经成为几代学人的校园记忆。路始于斯却不止于斯，任重而道远。

万物之中生长最好，万事当中出新最宜。近年来对大学真谛的追寻以及所获，有许多是在校园漫步中完成的。美丽校园带给我的启悟依然，如今又分明感受到一股升腾的气息，我国大学的发展又将迎来新的机遇。我们置身一个伟大的时代，身处一个新的历史起点，正在进行人类历史上最为宏大而独特的实践创新。这是一个需要理论而且一定能够产生理论的时代，这是一个需要思想而且一定能够产生思想的时代。

新近，中央领导聚焦高等教育改革，频繁到大学考察，表达了对大学的殷切希望。习近平总书记在致清华大学建校105周年贺信中言约旨远地强调，办好高等教育，事关国家发展、事关民族未来。他殷切希望高等教育为国家发展、人民幸福、人类文明进步作出新的更大的贡献。在全国哲学社

---

① 歌词由著名词作家高枫在辽宁大学崇山校区触景生情而作，后由著名作曲家谷建芬谱曲。

会科学工作座谈会上，习近平总书记殷切鼓励广大学者要立志做大学问、做真学问，以深厚的学识修养赢得尊重，以高尚人格魅力引领风气，在为祖国、为人民立德立言中成就自我，实现价值。在全国科技创新大会、两院院士大会、中国科协第九次全国代表大会上，习近平总书记进一步强调："科技是国之利器，国家赖之以强，企业赖之以赢，人民生活赖之以好。中国要强，中国人民生活要好，必须有强大科技。"特别是"在基础研究领域，包括一些应用科技领域，要尊重科学研究灵感瞬间性、方式随意性、路径不确定性的特点，允许科学家自由畅想、大胆假设、认真求证。不要以出成果的名义干涉科学家的研究，不要用死板制度约束科学家的研究活动。很多科学研究要着眼长远，不能急功近利，欲速则不达。"

日出江花红似火，春来江水绿如蓝。剑指卓越的大学改革再度开启。创新已经成为引领社会发展的第一动力，时代的发展正在呼唤大学思想的超越、品质的提升、创新精神的播扬。卓越大学建设的终究结果，必然是中华民族的伟大进步与粲然昌盛。真诚希望这本小书能够对期盼已久的大学改革有所增益，但愿我们的大学勿忘初心、力负其责、认准方向、坚守定力，把握"知识社会"的本质，尊重"学术共同体"的特点，真正发挥应有的基础性、先导性和全局性作用。

徐　平

2016 年 5 月

责任编辑:郭彦辰

图书在版编目(CIP)数据

大学的真谛:一本书带你读懂大学/徐平 著.—北京:
人民出版社,2016.8
ISBN 978-7-01-016557-8

Ⅰ.①大…　Ⅱ.①徐…　Ⅲ.①大学生-学生生活-研究
Ⅳ.①G645.5

中国版本图书馆 CIP 数据核字(2016)第 184175 号

大学的真谛

DAXUE DE ZHENDI

——一本书带你读懂大学

徐　平　著

人民出版社 出版发行
(100706　北京市东城区隆福寺街 99 号)

北京中科印刷有限公司印刷　新华书店经销

2016 年 8 月第 1 版　2016 年 8 月北京第 1 次印刷
开本:880 毫米×1230 毫米 1/32　印张:7.375
字数:150 千字

ISBN 978-7-01-016557-8　定价:28.00 元

邮购地址 100706　北京市东城区隆福寺街 99 号
人民东方图书销售中心　电话 (010)65250042　65289539